Rencontre
avec les êtres de la nature

Illustration de couverture : Edith Casadei ©
Crédit photos : iStockphoto ©

© 2011 Éditions S.O.I.S.
24580 PLAZAC

ISBN : 2-916621-06-7
© Édition S.O.I.S.

Tous droits de traduction, d'adaptation et de reproduction, sous quelque forme que ce soit, réservés pour tous pays.

Anne Givaudan

Rencontre
avec les êtres de la nature

ÉDITIONS S.O.I.S.

D'Anne Givaudan

- Implants & parasitages*
- Voyager entre les mondes*
- La magicienne et la petite fille*
- Des amours singulières*
- Sons esséniens (CD inclus)*
- Petit manuel pour un grand passage*
- Pratiques esséniennes pour une nouvelle terre*
- Rencontre avec les êtres de la nature*
- L'insoupçonnable destin de Gina Sutton*
- Nos mémoires : des prisons ou des ailes*
- La rupture de contrat*
- Formes-pensées (tome 1 et 2)*
- Les dossiers sur le gouvernement mondial*
- Lecture d'auras et soins esséniens*
- Alliance*
- Walk-in*
- CD de méditations guidées* (voir la liste à la fin du livre)

D'Anne Givaudan et Daniel Meurois

- Terre d'émeraude* — *Témoignage d'outre-corps*
- Par l'Esprit du soleil*
- Chronique d'un départ* — *Afin de guider ceux qui nous quittent*
- Celui qui vient*
- Sois* — *Pratiques pour être et agir*
- Les neuf marches*
- Récits d'un voyageur de l'astral**
- De mémoire d'Essénien (tome 1)** — *L'autre visage de Jésus*
- Chemins de ce temps-là (tome 2)** — *De mémoire d'Essénien*
- Le peuple animal**
- Le voyage à Shambhalla*** — *Un pèlerinage vers Soi*
- Wesak*** — *L'heure de la réconciliation*

* Éditions S.O.I.S. — ** Éditions Le Passe-Monde — *** Éditions Le Perséa

Éditions S.O.I.S. – 24580 PLAZAC
Tél : 05 53 51 19 50 – editions@sois.fr - www.sois.fr

*À tous ceux et celles qui savent, comme le petit prince,
que « l'essentiel est invisible pour les yeux ».
À Antoine, mon compagnon de route qui,
par son amour-humour, allège mon travail
de retranscription et d'écriture.
À tous, famille et amis d'ici et d'ailleurs, visibles et invisibles,
sans qui ce livre ne pourrait exister.
À ma petite sœur qui a toujours aimé les êtres de la Nature.*

RENCONTRE AVEC LES ETRES DE LA NATURE

« La chose la plus belle dont nous puissions faire l'expérience est le Mystère. Il est source de tout art et de toute science. Celui qui ne connaît plus d'émotions, ne s'arrête plus pour s'étonner et vit emmitouflé dans ses peurs n'est bon que pour la mort. » — Einstein.

Il y a bien longtemps, si longtemps que notre mémoire en a perdu la trace, les nombreux peuples de l'Éther avaient des contacts avec les Humains.

Des pactes se signaient parfois avec le sang et le long des landes brumeuses des pays du Nord, il n'était pas rare de voir, lors de sanglants combats, des êtres aux formes étranges combattre auprès de féroces guerriers.

Il n'y eut pas que des guerres et d'autres liens se nouèrent. Certains, parmi ces peuples de l'Éther, avaient pour mission d'aider, de conseiller l'un ou l'autre des Humains avec lequel il s'était lié pour diverses raisons.

Aujourd'hui, notre mental qui vit sur un mode accéléré, a créé un écran entre ce qui fut autrefois et ce que nous vivons. Il ne nous permet plus qu'à de rares occasions d'entre-apercevoir une réalité que bien souvent nous refusons de regarder. Il faut reconnaître que ce qui n'est pas tangible nous effraie. Nous ne savons pas comment contrôler ce qui est hors norme.

Il suffit de voir comment nous éloignons de nos sociétés toute personne pouvant mettre en danger l'équilibre fragile et matérialiste sur lequel reposent notre époque et surtout notre civilisation occidentale.

Nous n'avons jamais consommé autant de médicaments pour nous calmer ou nous endormir qu'à ce jour. Nous avons simplement peur de sortir des normes. Les dictats de notre presse et de nos médias font que nous croyons que, pour être heureux, nous devons dormir un certain nombre d'heures, manger d'une certaine façon et acheter une quantité incroyable d'objets parfaitement inutiles. Avec tout ça, nous avons perdu le contact avec nos propres rythmes, notre cœur et notre sensibilité. Nous nous sommes coupés ainsi de l'essentiel…

Aujourd'hui, nous avons oublié qu'il y a parmi nous des êtres, dits « invisibles », qui œuvrent à chaque battement de leur cœur pour la planète et qui en organisent les différents éléments.

Il en est qui président à la pousse des plantes et de tout le règne végétal, d'autres qui sont en unité avec le royaume du minéral, d'autres encore appartiennent au monde de l'Eau tandis que certains d'entre eux aident le peuple animal et même les êtres humains.

« Les invisibles » peuplent notre monde. Ils sont aussi nombreux que nous le sommes et tout aussi divers et si, jusqu'à présent, ils n'avaient cure d'être vus ou compris des Humains, ils souhaitent aujourd'hui, en cette période de grande mutation, entrer en contact avec le peuple de la surface de la Terre.

Ils souhaitent être connus, non par besoin de reconnaissance, mais pour que nous puissions collaborer en bonne intelligence avec eux et permettre à la planète et à ses habitants d'effectuer son passage dans les meilleures conditions.

Il y a des multitudes de races dans les mondes non visibles, dont chacune possède des spécificités adaptées à son savoir-faire.

À notre époque, bientôt révolue elle aussi, nous ignorons, pour la plupart d'entre nous, que « les petits êtres » étaient connus de nos ancêtres.

Qui sait encore que Paracelse avait un serviteur zélé qui habitait le pommeau de son épée dont il va sans dire qu'il ne se séparait jamais ?

Le révérend Robert Kirk, qui vécut de 1641 à 1692 et fut pasteur en Écosse écrivit « *La république mystérieuse des Elfes, faunes, Fées et autres semblables* ».

Ismaël Mérindol, né en 1400 et qui a donné son nom à un village du sud de la France, avoue lui-même faire partie de cette race non humaine. Il raconte qu'après avoir été échangé à sa naissance, il fut élevé dans une famille humaine mais garda des contacts fréquents et précis avec les races des « invisibles ». Il écrivit notamment, en 1446, un livre contenant de fabuleux secrets ainsi que des épisodes de sa vie. Il y avait tant à écrire qu'il ne pût finir son ouvrage, dit-on, avant sa présumée disparition. Un exemplaire unique est encore conservé à la bibliothèque de Prague (ce « *Traité de faërie* » a été réédité par Edouard Brasey, Éditions Le Pré aux Clercs).

Socrate avait son Génie personnel qui le conseillait dans sa vie quotidienne. Il est d'ailleurs une anecdote qui rapporte qu'un jour, ce Génie lui conseilla de se détourner d'une route qu'il allait prendre avec d'autres amis. Il fut le seul à écouter les conseils de son petit guide et grand bien lui en prit. Sur la route à ne pas prendre, ses amis croisèrent un troupeau de cochons et arrivèrent à destination couverts de boue.

Ces personnages, réputés pour leurs connaissances et leur sérieux, auraient-ils perdu tout bon sens en dévoilant publiquement leurs rencontres avec le peuple des invisibles, si celui-ci n'existait pas ?

Le temps passa…

Puis il y eut l'Inquisition. Je n'évoque pas ici cette période désastreuse de « chasse aux sorcières » qui dura tout notre Moyen Âge. Non, l'inquisition a débuté bien avant cela.

Prenons l'exemple de l'empereur Charlemagne.

Grand conquérant, il agrandissait son royaume et, dans le même temps, avait le soutien de l'Église dont il se devait d'augmenter le nombre de fidèles en convertissant ses ennemis à la foi catholique.

Fort de cet appui, partout où il passait, à grands renforts de têtes coupées, il contribuait à des conversions rapides et de masse.

Le pape l'exhortait à remplir sa mission d'évangélisation s'il voulait asseoir son royaume et le transmettre à ses enfants. Il le croyait sans doute et il y trouvait son intérêt.

C'est ainsi que, lorsqu'il rencontra le peuple des Saxons, il ne chercha guère à comprendre leur culture. Il assista simplement à d'étranges cérémonies qu'il traduisit à sa façon : « Ces païens prient devant un grand et bel arbre. Coupez cet arbre et convertissez-les ! » commanda-t-il à ses chefs de guerre.

Puis vint l'époque de « la chasse aux sorcières » où chaque femme – et parfois homme – qui conversait avec des êtres non humains ou qui détenait le secret des plantes était irrémédiablement condamné(e) et brûlé(e) après bien des tortures, pour avouer son « commerce » avec le diable.

Les religieux voyaient le diable partout où eux-mêmes n'étaient pas.

L'Église, en rendant ses fidèles craintifs et soumis, leur refusait ainsi toute possibilité de rentrer en contact avec des êtres d'autres dimensions.

Il en coûtait trop cher de s'éloigner du dogme établi et, peu à peu, le voile de l'ignorance recouvrit nos civilisations dites modernes.

L'ère de la technologie a mis un point d'orgue sur cette désensibilisation en séparant ce qui se voit de ce qui ne se voit pas et en tenant compte essentiellement du visible, du tangible que seuls nos cinq sens sont capables de capter.

L'ère industrielle a déclaré la mort de tout ce qui n'était pas compréhensible par notre intellect. Ce dernier devint la mesure de toute chose, il obtint tout pouvoir et notamment celui de décider de ce qui était vrai et de ce qui ne l'était pas. C'était oublier que notre mental a, lui aussi, ses propres limites.

Cependant et au-delà de toutes ces considérations, il y eut toujours des êtres dont l'indépendance et la sensibilité permettaient d'aller à contre-courant des modèles établis et ce même parmi les gens d'Église.

AUJOURD'HUI, QU'EN EST-IL ?

• *FINDHORN*

Aujourd'hui, il existe en Europe toute une communauté bien connue pour ses contacts avec les Êtres de la Nature : la communauté de Findhorn.

Findhorn, en Écosse, est un exemple probant de ce qu'une belle collaboration avec ces entités peut apporter, en beauté et en confort, au quotidien de chacun.

Dans cet endroit désertique au nord-est de l'Écosse s'installa une petite communauté de quelques personnes désireuses de vivre plus proches de la Nature : Eileen Caddy - Dorothy Maclean - Peter Caddy.

Un jour, l'une de ces personnes commença à recevoir des contacts de la part des êtres de la Nature et c'est ainsi que sur une terre inculte se mirent à pousser des légumes d'une grandeur, d'une saveur et d'une qualité inégalées.

La communauté s'agrandit, les contacts s'intensifièrent et cette étroite collaboration entre le plan humain et le plan des êtres invisibles devint spectaculaire. Les résultats furent visibles et tangibles aux yeux de tous.

Voici un extrait des « *Jardins de Findhorn* » pris sur :
http://le-voyage-de-mona.com/

✦ *... avec Les Jardins de Findhorn :*

« *Le livre* "Les Jardins de Findhorn" *témoigne d'une aventure exceptionnelle, connue dans le monde entier.* "Les Jardins de Findhorn" *confirment que le meilleur engrais est l'amour. Trois personnes sont à l'origine de cette expérience sur une terre désolée du nord-est de l'Écosse : Peter et Eileen Caddy et Dorothy Maclean. Quand elles s'installent sur le lieu, au début des années soixante, elles n'ont presque rien pour vivre et la terre de l'endroit est ingrate (sable et graviers). Mais Peter Caddy, qui a voyagé en Inde et au Tibet, a la sensation que Dieu lui ordonne de créer un beau jardin sur ce terrain. Les premières plantations sont sans succès jusqu'à un certain jour.*

Ce jour-là, Dorothy, qui est un peu médium, entre en communication avec le Déva du pois au cours d'une méditation. Précisons que le terme « Déva » fait référence à des êtres invisibles qui dirigent les énergies nécessaires à la croissance des végétaux. Le Déva du pois explique à Dorothy comment prendre soin des pois pour qu'ils poussent correctement.

Peter Caddy met les conseils en application et rapidement, la récolte de petits pois s'avère magnifique. Le processus se renouvelle pour les autres espèces.

Et, deux ans plus tard, le jardin ne compte pas moins de 63 espèces différentes de légumes, 21 espèces de fruits et 42 espèces de plantes aromatiques et médicinales. Les récoltes sont abondantes. Les paysans des environs n'en reviennent pas, eux qui se battent pour obtenir quelques légumes chétifs.

Des conseillers en agronomie se rendent sur place et constatent que la terre ne contient pas d'engrais chimique.

Par contre, ils ne relèvent aucune carence : tous les éléments nécessaires sont présents, y compris les plus rares. Ils affirment que le compost et le fumier utilisés ne suffisent pas à expliquer les résultats incroyables sur ce sol pauvre et sablonneux.

On parle d'un facteur X, c'est-à-dire inconnu.

Mais, pour Peter Caddy, ce facteur X n'est autre que le soin et l'amour que les jardiniers portent à leurs plantes.

De nos jours, une communauté réside à Findhorn. On y trouve également une université de Lumière qui a développé de multiples activités de formation et de recherche. La communauté a été reconnue ONG associée par l'ONU en 1997. Elle a mené des activités de reforestation, acquis son autonomie énergétique, construit en éco-habitat... »

Un autre témoignage vient de Brian Nobbs, proche de la communauté de Findhorn :

✦ **Pan et le jardin de Findhorn par Brian Nobbs :**

« Dans le jardin botanique, nous sommes allés à l'Ermitage de Braid. Nous nous y sommes rendus par le chemin qui longe la colline où se trouve l'observatoire...

C'est un bel endroit extraordinaire pour se trouver si près de l'agitation d'Edimbourg et il est très fréquenté par les promeneurs de chiens et les joggers. Ce jour-là, il n'y avait guère de gens autour. Lorsque nous sommes entrés, une extraordinaire sensation a commencé à apparaître au sommet de ma tête. C'était comme si le haut de ma tête était ouvert et qu'un faisceau de lumière s'immisçait par cette ouverture, me produisant un sentiment vraiment extatique de bien-être et de bonheur. Il y avait quelque chose qui ressemblait au son très clair d'une flûte, mais portant dans ses harmoniques tous les sons musicaux imaginables. Je marchais comme si j'étais un peu ivre, et tandis que nous marchions, je pris conscience que de nombreux petits êtres nous accompagnaient. Il n'y avait aucun doute dans mon esprit qu'il s'agissait d'Elfes, mais d'un ordre élevé. Ils semblaient androgynes et très beaux, ils portaient des vêtements très semblables à ceux décrits dans les contes de Fées, aux couleurs de roux, d'or et de vert. Ils portaient des chapeaux pointus et des chaussures avec les bouts retournés. Ils avaient environ un mètre de haut.

Encore une fois je sentis une défiance due à l'étrangeté de ces expériences... Entre-temps je percevais des Elfes qui *riaient de ma déconvenue évidente. Roc (un ami) ne dit rien, mais maintenant il avait un sourire et me regardait interrogateur. Alors je lui ai raconté ce que j'avais vu et il m'a confirmé qu'il s'agissait de "Hauts Elfes", associés à des arbres et des forêts, mais ayant d'autres fonctions plus ésotériques dans la Nature en tant qu'esprits gardiens et protecteurs des lieux sacrés. Ma théorie est que ces êtres utilisent nos concepts pour se présenter à nous, car leur essence est sans doute incompréhensible et en dehors de notre expérience, si ce n'est que dans notre création de mondes imaginaires, nous pouvons très bien tenir compte des réalités cachées et les rendre plus compréhensibles. Je suis convaincu que les esprits de la Nature ne sont pas en fait comme de petits êtres humains, mais qu'ils sont constamment en mouvement et n'ont pas de forme fixe.*

Donc, nous avons marché et nous sommes finalement arrivés à la fin de la marche. Comme nous étions près de la maison devenue désormais un musée et un centre d'information, les Elfes ont pris congé, mais l'un d'eux est resté avec nous. Ogilvie (l'Elfe) a expliqué qu'il allait revenir avec moi à Findhorn où il aurait à établir des liens avec des centres d'énergie en Grande-Bretagne et dans le monde, et serait utile pour les jardiniers. Comme nous attendions le bus pour nous ramener à l'auberge, Ogilvie l'Elfe avait disparu.

Le lendemain matin, alors que j'attendais le bus pour Inverness…je me suis soudain rendu compte que l'Elfe était debout près de moi! Il est monté dans le bus et s'est assis sur le siège à côté de moi. Vous pouvez imaginer l'impression de devenir fou, la consternation et l'amusement qui m'habitèrent alors… Je craignais que quelqu'un veuille s'asseoir sur le siège à côté de moi. Il était à l'intérieur et je me demandais si j'aurais le courage de dire: "Excusez-moi, mais le siège est occupé."

En fin de compte personne ne choisit d'être là. Peut-être que l'Elfe avait-il une certaine façon de les influencer inconsciemment?

J'ai été accueilli à Inverness par des amis qui m'ont amené… avec l'Elfe, jusqu'à Findhorn. Il semblait prendre plaisir à la voiture. Évidemment tout cela était pour lui inutile. Il peut être n'importe où, là où il le souhaite, juste en y pensant. Je crois qu'il le faisait par humour et pour tester nos limites, mais aussi par un réel intérêt de mieux nous connaître.»

Quel est donc, de nos jours, cet obstacle qui fait que nous ne sommes pas davantage au courant de ces rencontres et que les contacts avec les Êtres de la Nature ne fassent pas partie de notre quotidien?

Que nous soyons des jardiniers occasionnels ou professionnels, que nous cultivions notre potager, nos arbres fruitiers ou que nous soyons simplement des amoureux des fleurs qui nous entourent, pourquoi donc ne cherchons-nous pas cette collaboration avec ces êtres dont l'une des fonctions est de faire croître harmonieusement la Nature au plus grand profit de l'Humain ?

Il existe à l'heure actuelle de nombreux mouvements créés par des écologistes pour arrêter d'empoisonner la Terre, l'Eau et le Ciel. On retrouve de vieilles races de fruitiers, des semences anciennes, des techniques de nos grands-pères, genre « purin d'ortie ». On se remémore le « savoir cuisiner avec des fleurs » et même avec des huiles essentielles, et pourtant bien peu parmi toutes ces personnes pensent à collaborer avec les autres peuples : le peuple animal, le peuple des Dévas et les Êtres de la Nature.

Il reste donc un pas à franchir et ce pas semble immense tant que l'on continue à cloisonner, comme dans l'ère industrielle, l'Esprit et la Matière.

Y a-t-il une ou plusieurs raisons qui font que l'on préfère employer des pesticides cancérigènes, des engrais toxiques pour toutes les créatures et pour la Terre plutôt que de collaborer avec les Gnomes des jardins, avec les Elfes de l'Air et les Lutins, avec les Fées, les Ondines de l'Eau et les Salamandres du Feu ?

Pourquoi ne cherchons-nous pas davantage, à l'instar de l'exemple donné par les habitants de Findhorn, à entrer en contact avec le grand Pan et ses serviteurs zélés pour savoir ce que nous devons faire et comment le faire au mieux ?

Pourquoi, lorsque l'on est un défenseur de la Nature, en oublions-nous ses habitants ?

Il est difficile de voir, d'entendre et de ne pouvoir nier les résultats d'une telle collaboration sans se demander pourquoi nous n'y accordons pas plus d'attention ?

L'argent gagné par les multinationales est un des obstacles mais il n'est pas le seul. Le manque de confiance en nos propres capacités, la peur de passer pour un illuminé, la paresse de nous remettre en question, qui nous fait croire que pesticides et insecticides nous protègent « de qui, de quoi ? » sont les facteurs notoires de notre immobilisme.

Nous avons, jusqu'à présent, passé beaucoup de temps à nous protéger, à nous préserver, ce sans grand résultat et, pire, avec un résultat contraire à nos espérances : plus de maladies, moins de récoltes, une Nature polluée et abîmée qui s'épuise.

Quels sont les enjeux politiques et financiers qui, aujourd'hui encore, nous font fermer les yeux sur des réalités qui nous permettraient de collaborer avec ces précieuses présences qui nous entourent et qui ne demandent qu'à nous aider ?

Alors, sommes-nous prêts à ouvrir grandement la porte et à y laisser entrer ce qui était invisible à nos yeux mais qui commence à se montrer ?

L'ÉTHER

Avant de continuer plus avant, j'aimerais vous parler de cette substance qui devient de plus en plus tangible dans le monde qui vient et avec laquelle nous entrons constamment et souvent inconsciemment en contact.

Il s'agit de l'Éther, non pas celui que l'on trouve en pharmacie, vous vous en doutez, mais de cet élément dont nous avons peu tenu compte jusqu'à présent et qu'il nous faut, sans nul doute, considérer comme étant le cinquième élément.

Nous connaissons les quatre grands éléments constituants de notre monde, que sont le Feu et l'Air, la Terre et l'Eau. Il en est un cinquième, l'Éther qui, plus subtil que l'Air, permet à l'énergie primaire de circuler à travers les mondes et de les vivifier.

L'Éther est partout. Nous baignons dans l'Éther et l'un de nos corps subtils en est composé. C'est celui que l'on nomme dans les milieux renseignés: le corps éthérique.

Lorsque nous décrivons l'aura éthérique dans nos cours, nous en parlons comme d'une couche bleutée de quelques centimètres qui suit parfaitement les contours de notre corps physique et nous donne des renseignements sur notre vitalité de base.

Le corps éthérique nous met en contact avec les mondes supérieurs et permet à l'énergie de circuler en nous.

Son siège est dans la rate, que les Esséniens appelaient « petit soleil », qui absorbe une grande quantité de « prâna »[1] qui est la nourriture de tous nos corps subtils.

C'est cette rate qui, sur un plan subtil, est créée tout au début de la fabrication du fœtus et qui est le premier organe à se dévitaliser, avant la mort du corps physique. Je parle ici des organes subtils et non physiques, il n'y a donc pas lieu de vous inquiéter si vous n'avez plus de rate physique.

La rate est parfois considérée, dans certaines traditions, comme un second chakra[2], tant elle a d'importance, et lors des soins esséniens, il n'est pas rare d'avoir à la revitaliser pour que le patient puisse retrouver toute son énergie.

Le corps éthérique, quant à lui, transforme l'énergie solaire en énergie directement assimilable par la rate. On peut le nommer aussi « corps vital ». Il permet au physique de se maintenir en vie et de garder sa forme.

Lorsque nous parlons de corps éthérique en ce qui concerne la composition subtile de nos corps, il s'agit bien

---

1 – Le prâna : particules élémentaires à la base de toute forme de vie.
2 – La rate absorbe le prâna en grande quantité pour le redistribuer aux organes par l'intermédiaire des circuits énergétiques du corps. Il permet donc à l'énergie vitale de nourrir les corps subtils et, par répercussion, le corps physique.

entendu d'un terme général qui sous-entend quatre types d'Éther qui le composent.

En réalité, il y a vingt couches que nous pourrions subdiviser dans l'Éther, dont quatre d'entre elles nous concernent plus précisément.

Les quatre types d'Éther correspondent aux quatre règnes : Terre-Eau-Feu-Air. Ils permettent, lorsqu'ils sont harmonieusement développés, de rentrer en contact profond avec tout ce qui a été créé sur Terre et se transforme en force puissante et agissante.

Tous les règnes ne possèdent pas les quatre Éthers : le règne minéral, par exemple, ne possède que l'Éther chimique, tandis que le règne végétal a développé l'Éther chimique et l'Éther vital.

J'aimerais à présent développer un peu plus ces quatre Éthers car ils ont une importance majeure dans notre vie quotidienne et dans les contacts que nous pouvons avoir avec les peuples des mondes éthériques.

• *L'ÉTHER CHIMIQUE*

C'est celui qui est en rapport avec toutes les fonctions d'assimilation, de digestion. Il transforme en énergie les substances que nous ingérons.

Lorsque l'Éther chimique n'est pas à son plein potentiel, il est facile d'en déduire que nos fonctions d'assimilation, de digestion et de transformation ne seront pas, non plus, au mieux de leurs capacités.

C'est dans cet Éther que vit essentiellement tout le petit peuple de la Terre, ceux que l'on nomme : Gnomes, Nains et autres Korrigans.

Ce qu'ils font pour nous, ils le font bien évidemment pour la Terre et c'est grâce à leur travail que les plantes, les arbres, assimilent l'énergie de la Terre-mère. Ils sont en communion avec les racines de toutes les formes de plantes et veillent à ce qu'elles puisent harmonieusement les énergies terrestres pour les assimiler et les transformer en énergie de Vie.

Ils veillent aussi à ce que les trésors qui sont dans la Terre, comme certains métaux et pierres précieuses ou semi-précieuses, dispensent leur énergie à travers les grands axes de circulation subtile de la Terre appelés Nadis.

Ils gardent aussi, avec beaucoup de vigilance, les lieux porteurs de trésors, qu'ils soient sur un plan physique : or, métaux précieux, ou sur un plan spirituel : lieux sacrés, archives du monde ou des mondes engloutis s'ils sont enfouis sous terre.

• *L'ÉTHER VITAL*

Est cette partie de l'Éther qui sert à donner la vie. C'est un agent de reproduction, de construction dans ce qui deviendra le sang. C'est dans cet Éther que puisent les femmes lorsqu'elles sont dans des périodes fécondes. Elles évacuent ensuite, par les menstruations, le trop plein de cet Éther constructeur absorbé mensuellement, lorsqu'elles n'utilisent pas cet élément pour construire le véhicule corporel d'un futur enfant.

Il donne tout naturellement, après l'assimilation effectuée par l'Éther chimique, une énergie vitale importante. C'est pour cela qu'on le nomme aussi Éther constructeur.

Il est lié à l'élément féminin et donc à l'Eau, et c'est le royaume des petits peuples de l'Eau : Naïades, Nymphes, Ondins et Ondines, pour ne citer qu'eux. Leur tâche essentielle est de maintenir les sources et les eaux en état de propreté et de préserver et d'amplifier les propriétés de guérison des eaux sacrées de notre planète. Les eaux thermales en font partie mais aussi les Grands fleuves sacrés de la Terre qui sont maintenus tels par des êtres de Grande Lumière qui prient et méditent constamment sous eux et en eux.

• *L'ÉTHER LUMINEUX*

Permet une conscience individuelle et l'éveil de nos cinq sens. Sans lui nous serions dans un brouillard opaque avec des difficultés à entrer en contact avec l'extérieur. Imaginez-vous quelques instants sans ces capteurs du monde extérieur que sont : la vue, l'ouïe, l'odorat, le toucher.

L'Éther Lumineux est en lien avec l'élément Feu.
Il est le lieu de vie des êtres du Feu dont les Salamandres font essentiellement partie mais aussi des êtres de l'Air : les Elfes, les Anges, les Sylphes et les Sylphides et même les Génies familiers.
Cet Éther se sent plus qu'il ne se voit, sous forme de vent léger et chaud.

• *L'ÉTHER RÉFLECTEUR*

Il est en rapport avec notre capacité de mémorisation, notre habileté à structurer nos pensées. Il est capable de refléter ce que nous pensons mais aussi ce que nous avons gardé en mémoire et ce que nous croyons fortement. Il est tel un miroir mais un miroir bien souvent formé de glaces déformantes. C'est dans cet Éther que puisent la plupart de nos médiums, qui n'ont donc accès qu'à une partie de la réalité des mondes de celui ou celle qui les consulte. Il est important de tenir compte de cette déformation qui entraîne souvent des erreurs d'interprétation.
Il est différent de la mémoire akashique, qui ne comporte aucun risque de distorsion ou d'erreur.

Voilà donc placée la base qui devrait permettre de mieux comprendre les contacts que nous pouvons avoir avec tous les êtres de la Nature, puisque nous sommes nous-mêmes composés, en partie, de la matière subtile dans laquelle ces entités vivent et œuvrent.

Arrivée à ce stade de l'écriture de ce livre, je souhaite préciser que je ne vais pas faire ici une encyclopédie de ces univers magiques et de ces êtres : d'une part parce qu'il en existe d'excellentes, d'autre part, parce que je préfère décrire ce que ces entités accepteront de me délivrer, au fil des contacts que j'aurai avec certains d'entre eux. Cela permettra de garder ainsi la fluidité et la fraîcheur de leurs messages.

Voilà quelques mois que je sens la présence de ces « invisibles » et que j'entends leur demande d'être leur porte-parole, selon mes possibilités. Je leur ai promis de trouver un temps pour eux, juste pour être à l'écoute et bien poser ce qui doit l'être. Ce jour est venu.

Nous sommes aujourd'hui, chacun le sait, à un grand moment de passage où tout se bouscule et où nous les Humains ne savons plus toujours où nous en sommes ni vers quoi nous nous dirigeons. Tout ce qui nous paraissait solide s'écroule autour de nous et nous sommes en passe de nous retrouver devant une paroi lisse où notre mental ne trouvera plus la moindre petite aspérité à laquelle s'accrocher.

Pendant ce temps, sur d'autres plans, dans les mondes subtils, d'autres êtres vivent aussi ces changements et ces bouleversements.

DÉSIR DE CONTACT

« Les invisibles » peuplent notre monde. Ils nous traversent, nous voient ou plutôt nous observent depuis toujours mais, jusqu'à présent, ils ne souhaitaient pas collaborer avec nous. Nos attitudes, nos habitudes, notre façon d'être à la vie en attiraient certains, en repoussaient bien d'autres. Mais aujourd'hui notre monde est en train de s'éthériser, ce qui signifie aussi que les êtres qui peuplent le monde éthérique deviennent de plus en plus tangibles et visibles à nos yeux d'Humains. Pour le « peuple des invisibles », c'est le signe qu'il est temps de rentrer à nouveau en collaboration avec les peuples de la surface de la Terre.

À titre d'exemple de ces manifestations de plus en plus tangibles, il en est une qui fait couler beaucoup d'encre. Il s'agit de ce que je nommerai : les orbes.

• *LES ORBES*

Depuis quelque temps apparaissent sur nos objectifs photos numériques d'étranges bulles dont nous ne connaissons pas l'origine.

Certains chercheurs ont donné le nom « orbes » à ces manifestations étranges.

Pour ma part, je fis connaissance avec ces formes lors d'un voyage au Brésil, il y a quelques années.

Nous étions alors avec Antoine et d'autres personnes dans une « Posada », genre d'auberge non loin du centre tenu par Joao de Deus.

C'est alors que, regardant la décoration des murs qui m'entouraient, je vis des photos inhabituelles. Certaines montraient des flashs lumineux qui sortaient des personnages photographiés, tandis que d'autres étaient remplies de bulles transparentes qui donnaient l'impression d'une photo ratée.

Ne voulant pas en déduire quoi que ce soit et imaginant que les propriétaires du lieu n'avaient pas volontairement accroché des photos floues sur les murs de leur auberge pour déstabiliser leurs visiteurs, je me renseignai auprès d'eux.

La réponse fut la suivante :

« Ces photos ont été prises après des soins faits par Joao sur les personnes que vous voyez là, dit le patron en pointant du doigt les personnes photographiées. D'autres photos ont simplement été prises à différents moments de la journée ici, dans le village. Vous en voyez les résultats et lorsque nous les avons montrées au guérisseur Joao, il a ri et parlé des entités bénéfiques qui maintenant souhaitaient manifester leur présence. »

Il me précisa ensuite que ces photos pouvaient être faites à n'importe quel moment de la journée et prises par un quidam quelconque avec n'importe quel type d'appareil.

Forte de ces explications, je décidai moi aussi d'essayer. Le soir même, je pris mon appareil photo et visai n'importe où vers le ciel mais… sans aucun succès.

Est-ce que je manquais de conviction ou est-ce que je considérais le phénomène avec trop peu d'attention ? Bref, les résultats restaient loin de mes aspirations. Nullement découragée, je choisis dès le lendemain de changer de tactique. Je demandai plus humblement aux entités d'apparaître si elles le souhaitaient.

Cette fois, moi aussi, je découvris sur mes photos, des bulles rondes lumineuses, transparentes et en grand nombre. Certains parleront de poussières sur l'objectif, d'autres de problèmes dus à la lumière. Bref, nous avons testé avec différents appareils, sur un même lieu, à la même heure, pour découvrir des bulles identiques.

Puis, nous avons essayé de faire des photos à l'intérieur, à l'extérieur, avec des méditants, avec des personnes ouvertes à ces phénomènes et d'autres qui ne l'étaient pas du tout. Nous avons aussi pris des photos à quelques minutes d'intervalle avec le même éclairage ou des éclairages différents… Les phénomènes étranges continuaient, semblant se jouer de nos essais.

C'est alors que nous en avons parlé à nos thérapeutes et à nos étudiants qui, à leur tour, découvraient d'étranges phénomènes sur les clichés qu'ils prenaient alors qu'auparavant, leurs photos, pour la plupart d'entre elles, ne montraient aucune anomalie.

Les photos se sont multipliées depuis et nous avons grossi plusieurs d'entre elles dans lesquelles nous pouvons percevoir d'harmonieux mandalas.

Il est arrivé que, par jeu, certaines de ces manifestations se placent à des endroits inattendus.

Pour ne citer qu'un exemple, lors d'une photo de fin de session, après les examens de fin de cycle, l'une de nos thérapeutes s'est trouvée avec une bulle d'un superbe vert placé très précisément à l'endroit de son chakra du cœur (voir livret central, planche VIII).

Lorsque j'ai essayé de rentrer en contact avec ces « énergies », j'ai entendu une petite voix fine qui résonnait tout au centre de mon crâne et qui me disait :

« Attends encore un peu de temps, tu vas avoir la réponse. »

Je crois qu'aujourd'hui, le moment est venu.

LES ENTITÉS MAL INTENTIONNÉES

Avant de rentrer plus avant dans les contacts avec certains de ces êtres, nous allons passer en revue ceux dont je ne reparlerai plus : il s'agit de ces êtres sans forme qui stagnent autour de nous, dans nos vies et nos maisons et qui se nourrissent de nos émotions. Dans ces mondes, comme dans notre monde physique, il existe des entités dont la fonction semble nuisible, ou du moins la croyons-nous telle. Il est évident que, parmi les êtres qui habitent les mondes subtils, il en est qui sont à un niveau d'évolution où les instincts dominent encore leur vie et leur fonctionnement comme chez les Humains.

Ces créatures, que l'on pourrait dire « primitives », sont gérées par ce que nos mythologies nomment « les démons ». Leur fonction est d'éveiller des désirs et des émotions afin de nourrir leurs troupes d'entités larvesques et serpentiformes dont l'un des buts essentiels est d'activer des ondes pernicieuses à la surface de notre planète.

En fait, ces entités sont sans danger si nous ne leur donnons pas notre pouvoir. Elles sont incapables de résister à un « non » véritable, ne prennent pas de décisions personnelles sans en référer à plus haut et ne peuvent supporter la lumière... qui plus est, nous sommes les créateurs de la plupart d'entre elles !

Lors de mes incursions dans les différents plans de l'après-vie, des plus lumineux aux plus sombres, il m'est arrivé, lors de mes premières décorporations, de connaître les plans du bas astral.

Je me souviens parfaitement de cette sortie hors du corps, un soir où j'étais triste et pleine de doutes, et où mes pensées me dirigeaient car j'en avais perdu la maîtrise.

Ce jour-là, mon corps astral ne m'amena pas sur les plans de grande lumière mais, au contraire, j'entrai dans une zone terriblement sombre et poisseuse. J'entendais à peine la voix de mon guide, dans ce désert gluant, qui m'exhortait à être attentive à ce qui se passait.

Je fis ce que je pus. C'est alors que brutalement, je vis arriver de terribles entités chevauchant de monstrueuses montures, se dirigeant vers moi menaçantes. Elles ressemblaient à ce que je pouvais imaginer de plus laid et de plus terrifiant. Il va sans dire que j'étais incapable de faire le moindre mouvement. J'étais paralysée, aucun de mes membres ne bougeait et ne pouvant rien faire, ni même fuir, j'attendis terrorisée.

Elles étaient proches de moi et je sentais leur souffle fétide recouvrir tout mon être. À ce moment précis, quelque chose en moi de l'ordre de la lumière m'inonda et je sus que rien de tout cela n'avait d'existence réelle. Je ne rêvais pas et pourtant ce que je voyais n'avait pas d'existence en dehors de celle que je lui donnais par mes pensées sombres et mes émotions réveillées par la peur.

Au fur et à mesure que cette certitude m'inondait, je vis les visages hideux prendre une expression étonnée et, peu à peu, les chimères qui me touchaient presque se mirent à reculer, puis à perdre de leur intensité et finir finalement par disparaître.

Lorsque je pus enfin rejoindre le plan de beauté et de sérénité sur lequel m'attendait mon guide, dont la seule présence suffisait à me régénérer et à me réconforter, il me dit ceci :

« Tu viens de faire l'expérience d'un plan du bas astral qui est aussi un plan où toutes les créations les plus terribles, dues à la psyché humaine, peuvent se concrétiser et prendre corps.

Il est important que tu connaisses ce type de plan d'existence mais il est aussi essentiel que tu n'en aies pas peur.

Il n'y a pas lieu de se protéger, ni du lieu, ni des créatures qui l'habitent, car cela signifierait que tu en as peur et que tu donnes corps et foi à leur existence. Il est important de réaliser combien les protections attirent ces entités qui n'ont qu'un but : en trouver la faille. Une armure ou un bouclier attirent toujours et immanquablement une épée.

Il est bien préférable de ne pas lutter mais plutôt d'élever tes vibrations à l'aide de tout ce qui est du domaine de la beauté, de la gratitude et de l'Amour.

Si tes vibrations sont lumineuses, tu ne risques rien. Tout ce qui est sombre te traversera en vain, sans jamais t'atteindre et c'est sur ce levier que tu devras t'appuyer. Ces êtres ne supportent pas la lumière et ne peuvent résister à celle que tu dégageras. Sois comme le cristal. Ta pureté sera ta seule protection.

N'oublie pas ceci : ces êtres ne sont autres que des manifestations créées par les Humains, ce sont les miroirs de leurs pensées. Les concrétisations de leurs peurs, de leurs poisons internes. Vous êtes créateurs et en tant que tels, vous ne pouvez rejeter ce que vous avez été capables de créer de cette façon. En vous transformant, vous pourrez les aider à se transformer. »

Il ajouta :

« Dans le cas contraire, et si sans le savoir ou sciemment, vous leur tendez la main par votre soif de pouvoir, de sexe, d'argent ou autre, elles stagneront autour de vous et réveilleront vos peurs et vos doutes, vos incertitudes ainsi que vos sentiments d'impuissance qui sont l'essence même de leur croissance et de leur vie. »

Un visionnaire pourrait facilement les voir, entités larvesques collées sur nous et demandant toujours plus de nourriture, jamais satisfaites, avec un appétit incroyable et une corruption à toute épreuve. Il les verrait, capables par leur habileté et leur persuasion de nous faire croire que nos appétits émotionnels sont des sentiments d'Amour.

Jésus disait à ce propos :

« Les démons de Satan écrivent toutes vos mauvaises actions dans un livre, le livre de votre corps et de votre esprit… je vous le dis, en vérité, c'est ainsi que fait Satan, lorsqu'il prend possession de vos corps qui sont la demeure de Dieu.

Satan s'empare de tout ce qu'il désire accaparer : votre souffle, votre sang, vos os, votre chair, vos entrailles, vos yeux, vos oreilles… » — Évangile Essénien de Bordeaux Szekely.

Lorsque les Humains de la planète Terre comprendront enfin combien leurs pensées et leurs actes ont des incidences sur les mondes invisibles et par répercussion sur eux, ils commenceront non plus à survivre mais à vivre.

LES GÉNIES ET LES ÊTRES DE LA NATURE DANS LES GRANDS MOUVEMENTS RELIGIEUX ET LES TRADITIONS

• *L'ISLAM*

Dans l'Islam, l'existence des Génies est confirmée dans le Coran, nous les retrouvons aussi dans la *« Sunna »* et dans *« le Consensus des savants »*.

L'Islam tient en compte plusieurs sortes de Génies :

Il peut parler de Génies au sens général, d'entités qui cohabitent avec les Humains et qui seront nommées « occupants des maisons ».

Il peut y en avoir des rebelles et agressifs nommés alors selon leur degré d'agressivité : démon, mérid ou frit.

Les savants de l'islam disent de ces Génies qu'ils peuvent prendre des apparences bonnes ou mauvaises, qu'ils raisonnent, mangent, vivent, ont un gouvernement et une société qui leur est propre.

Les Génies nous voient, ajoutent-ils, tandis que nous ne les voyons pas et ils sont présents à l'ombre des activités humaines.

Certaines maladies telles que l'épilepsie, la folie, l'hystérie sont bien souvent générées par les moins bons d'entre eux. L'évocation du nom de Dieu protège de ce type d'entités.

Selon la « Sunna », les versets du trône (verset 255/2) et les deux dernières surates du Coran (sourate Falaq et sourate Naisse) sont bénéfiques et protègent de ces mauvais Génies.

Rappelons qu'à l'époque essénienne, il était tout à fait admis que nos comportements et nos pensées, lorsqu'elles étaient sombres et destructrices, attiraient ce que les thérapeutes esséniens appellent « entité maladie » et qui concernait et concerne encore aujourd'hui tout type de maladie.

La maladie, considérée comme une sorte de « parasitage » ou plus précisément « d'auto-parasitage », ouvre la porte à des entités des mondes subtils, aimantées par les pensées et les formes-pensées que nous émettons régulièrement, fréquemment et qui stagnent autour de nous.

• *EN AFRIQUE SUBSAHARIENNE*

J'étais dernièrement en Afrique, dans un village où je me suis liée d'amitié avec le vieux chef tradi-praticien et chasseur d'Ozo, du nom de Gina.

Son nom lui a été donné à la naissance car il est né le jour de la fête des Génies. Ce jour est célébré en Afrique où les croyances dans les êtres des mondes invisibles sont restées intactes depuis toujours.

Gina est donc une personne qui côtoie depuis son enfance les Génies et lors de mon passage dans son village, je lui ai demandé :

« Est ce que les Génies sont tous bons ?

– Non, il y en a des bons et aussi des mauvais.

– Si j'en vois un ici et que je te le décris, tu me diras si c'est un bon ou non ?

– D'accord » a-t-il répondu.

Nous étions au village avec notre petit groupe de thérapeutes, un soir de pleine lune. C'est un tout petit village perdu dans la Nature, qui était jusqu'à aujourd'hui sans eau et sans électricité, donc sans aucune pollution électrique, mise à part celle de nos lampes de poche.

Le soir, le calme était total. Seul le son des voix humaines troublait le silence de la nuit, accompagné de quelques cris d'animaux sauvages ou domestiques.

Je décidai, à la tombée du jour, de rester seule à un endroit un peu plus isolé du village, me demandant si ce serait un soir favorable à une rencontre avec un être de la Nature encore intacte qui entourait le lieu.

J'attendis paisiblement et sans idée préconçue. Au bout d'un moment, j'eus le sentiment d'une présence, discrète, un peu comme lorsqu'une personne arrive sans bruit derrière vous et attend que vous vous rendiez compte qu'elle est là.

J'eus la nette impression de sentir un souffle près de moi. Je me retournai doucement et je vis une petite silhouette, d'environ un mètre, avec de longs cheveux et un grand chapeau. Je n'en distinguais pas le visage et j'aurais bien été incapable de voir ses expressions mais cette présence ne m'était pas hostile, je le savais, je le sentais. Tout au plus, le ressentais-je amusé et curieux de voir si je le voyais. Je l'ai regardé. Il est resté quelques secondes puis, sans un mot, a continué sa route et a disparu.

Le lendemain, je fis ma description à Gina, comme convenu. Il sourit et me répondit qu'en effet, c'était un bon Génie mais que, de toute façon, le village était protégé et que les mauvais Génies ne pouvaient pas y entrer.

C'était rassurant. Mais, voulant en comprendre plus, je continuai à poser des questions au vieux Gina.

Il me dit alors :

« Les Génies ici, ils peuvent t'aider mais, après, tu devras leur faire un cadeau pour les remercier, un sacrifice. »

Dans ma tête, cadeau et sacrifice ne faisaient pas bon ménage. Je suis contre toute forme de sacrifice animal ou autre. Je sais que le sang versé nourrit certaines des entités de l'Éther mais il me paraît aussi évident que notre époque actuelle se doit de passer à autre chose.

De tout temps, il y a eu des sacrifices et sous toutes les latitudes, pour avoir le pouvoir, recevoir des protections ou faire des prédictions, à travers les viscères des animaux ou le sang humain. Le sang véhicule une mémoire, la cons - cience s'enracine dans la matière et l'ego peut prendre place, ce qui est parfois nécessaire à certaines évolutions plus primaires. Un lien se crée ainsi avec la vie la plus incarnée pour des êtres qui le sont peu.

Aujourd'hui, cependant, si nous ne voulons pas stagner dans une ère qui se meurt, il est temps de faire un pas de géant et de lâcher l'ancien ainsi que certains de ses rituels, pour entrer dans un monde nouveau où ne resteront que les connaissances les plus essentielles des traditions anciennes, avec ce qu'elles ont à offrir au monde de plus beau.

Je revins donc vers Gina avec ma question :

« Penses-tu que les Génies ont forcément besoin de sacrifices animaux ?

– Non, on peut aussi faire cela autrement par exemple : tu peux donner de la nourriture à une personne qui en a besoin ou offrir des fruits ou des graines à un lieu. Ça, le Génie te le dira. »

J'étais soulagée. Il existait donc des Génies qui, même en Afrique, acceptaient autre chose que la mort. »

La journée suivante, le vieux Gina me demanda si j'avais vu d'autres Génies, ce à quoi je répondis par la négative. Il me raconta alors ce qui suit :

« Tu vois, il y a aussi des Génies qui viennent après un bon repas où il y a eu de nombreuses personnes. Hier soir nous étions douze à table et le soir je ne dormais pas, j'étais devant ma case, non loin de l'endroit où nous avions pris le repas et j'ai vu un Génie qui est venu manger. Il était là assis et je l'ai regardé du coin de l'œil, il m'a vu mais ne voulait pas que je continue à le regarder tandis qu'il mangeait. Alors j'ai respecté son désir et j'ai tourné la tête.

– Mais que mangeait-il ? insistai-je avec curiosité.

– Les restes... ceux que l'on ne voit pas mais qu'eux, voient. En fait je ne sais pas comment te dire mais ils mangent la même chose que nous, mais la partie invisible.

Ils peuvent aussi manger nos pensées... »

La communication humaine est étrange et parfois il est difficile de trouver les mots pour se comprendre, même si l'on parle de la même chose.

C'est alors que je me suis souvenue que les êtres du monde éthérique peuvent se nourrir de nos pensées mais aussi des restes éthériques de notre nourriture physique. Ce que venait de me décrire le vieux Baba Gina correspondait bien à ce qui m'avait été enseigné à ce sujet.

Dans Wikipedia, je trouve le texte suivant :

« En Afrique, les esprits d'origine non humaine sont souvent en rapport avec les lieux naturels. Par exemple, les esprits des bois ou les esprits de la mer. Au Kenya, l'un des esprits les plus actifs et les plus proches pour le peuple Luo est Mumbo, l'esprit du lac. Chez les Dogons au Mali, l'esprit de l'Eau est considéré comme le père de l'humanité... D'autres esprits sont identifiés avec des phénomènes naturels comme l'esprit du tonnerre, l'esprit du vent, l'esprit de la tempête... Toutes ces entités spirituelles sont des êtres créés par Dieu et sont plus puissantes que les êtres

humains (djinns dans l'Islam). Elles peuvent être bonnes ou mauvaises ou même avoir une nature ambivalente... Certaines interviennent rarement, d'autres sont omniprésentes dans la vie quotidienne... Certains esprits entrent en contact avec les hommes à l'occasion d'état de transe ou de possession. »

• *AU BRÉSIL*

J'ai gardé un souvenir impressionnant de cérémonies chez les Candomblés au Brésil, qui sont essentiellement de race noire et dont les cultes sont ceux de leurs ancêtres.

Nous étions à Salvador de Bahia lorsque nous fûmes invités à suivre des initiations chez des novices Candomblés qui allaient pour la première fois se faire habiter par une entité. Nous étions quatre et la maîtresse des lieux qui dirigeait cette initiation, non ouverte au public, s'était prise d'amitié pour nous. Elle nous proposa de rester.

Nous nous sommes mis dans un coin qu'elle nous désigna pour ne pas gêner ce qui allait suivre et nous avons attendu.

Les invités sont arrivés les uns après les autres et se sont mis en cercle, tout en psalmodiant des paroles qui ressemblaient à des prières. C'est alors que notre hôtesse commença à induire une transe qui peu à peu gagna l'assemblée.

Elle appela les novices l'un après l'autre et prit chacun d'entre eux dans les bras. Dès ce moment-là, le novice recevait une entité qui, rapidement, se glissait en lui et qui lui occasionnait des gestes qui ressemblaient à ceux d'une personne enfilant un vêtement trop étroit. Jusque-là tout allait bien et la danse-transe continuait, tandis que chacun gardait les yeux fermés en tournant lentement, à la fois sur lui-même et à l'intérieur du cercle, sans jamais bousculer qui que ce soit ni quoi que ce soit.

Le plus difficile restait à venir... et ce fut le moment où il fallut demander aux entités de laisser le corps qu'elles occupaient. L'initiatrice se retira, pour cette ultime étape, dans une pièce à part et nous ne pouvions voir ce qui se passait. Cependant nous entendions et les cris parfois poussés m'indiquaient qu'il était plus facile de laisser entrer une entité que de lui demander de sortir.

La cérémonie se termina et chacun regagna son domicile tandis que la prêtresse nous expliquait que par ces initiations, les aspirants pourraient appeler des êtres capables de les aider à guérir et à conseiller les Humains.

Je comprenais, mais en même temps, je me questionnais sur le pourquoi de devoir être habité par d'autres êtres plutôt que d'accéder aux mondes subtils et à la connaissance qu'ils contiennent par notre élévation de cœur.

Il est certain que chercher à développer en nous nos propres capacités demande plus de temps et surtout beaucoup plus de conscience et d'Amour que d'être momentanément « squatté » par une entité qui en sait provisoirement plus que nous.

C'est aussi l'humilité d'accepter ce que nous sommes et de faire le choix entre le pouvoir de l'amour ou l'amour du pouvoir.

Nous avons aussi assisté à d'autres cérémonies ouvertes au public et là, quelle ne fut pas ma surprise de voir des danseurs en transe à qui l'on donnait de la bière et des cigares. Dès qu'une bouteille était vide, le danseur en recevait une autre et de même pour les gros cigares.

Nous voyant étonnés par ce spectacle, notre guide-traducteur nous expliqua que certaines entités aiment à fumer et à boire et qu'il était important d'accéder à leurs demandes si nous voulions qu'elles nous accordent toute leur attention.

Proches des Humains, ces entités ne m'attiraient guère. Il est assez difficile dans nos sociétés de se désaccoutumer de l'alcool et des cigarettes pour ne pas avoir à demander les faveurs d'une entité qui n'aime que ça.

D'autres esprits, par chance, se nourrissent de fleurs et de fruits. Nous en avons rencontrés dans d'autres cérémonies. C'est selon le rayon d'activité qui est le leur, mais cela permet au moins d'avoir un certain choix dans le rapport que nous voulons avoir avec une entité.

Ces Êtres de l'Éther peuvent servir de protecteurs à ceux qui le leur demandent et peuvent les aider efficacement, mais il y a bien souvent des contreparties à ces aides qu'il convient de ne pas négliger ni ignorer sous peine de graves déconvenues.

Dans les mondes proches de la Terre, il en est comme pour les Humains : certains demandent des « cadeaux » contre l'aide apportée et un lien de dépendance s'établit entre la personne terrestre et l'être qui l'aide ou la sert.

• *AU TIBET*

Voici un extrait d'une conférence de Tarab Tulku donnée à Paris en mars 1998 :

« ... Si on en revient au point de vue religieux, on peut différencier deux façons d'utiliser l'énergie au niveau chamanique. L'une consiste à se relier à une énergie de la Nature et à lui demander d'utiliser son pouvoir, sa force pour modifier en notre faveur une situation désagréable. Nous prions les divers esprits auxquels nous croyons pour qu'ils changent ce problème. L'autre façon consiste à contacter ces mêmes forces naturelles pour qu'elles viennent renforcer notre propre énergie intérieure et c'est nous-mêmes, avec notre propre énergie devenue très puissante qui traitons la situation.

Le bouddhisme tantrique a une approche similaire. Il y a des pratiques dans lesquelles on invoque des énergies extérieures... et d'autres pratiques où on s'identifie avec la déité pour renforcer notre propre énergie et ensemble régler notre problème. Par contre, les énergies manipulée dans le chamanisme et dans le bouddhisme sont très différentes.

Dans le chamanisme, il y a cette idée de se relier aux énergies présentes dans toute la Nature... et ces énergies sont assimilées à des esprits avec lesquels on peut communiquer...

Dans le bouddhisme... il est aussi possible de s'adresser aux déités pour obtenir aide et protection mais ces déités sont des formes symbolisant l'unité de la vacuité et de la compassion. La vacuité et la compassion ne sont pas l'énergie de l'eau et des rochers, c'est une autre dimension. On saute à un autre niveau complètement différent. »

- CHEZ LES INDIENS D'AMÉRIQUE

Les Amérindiens sont connus depuis toujours pour leur respect et leur amour pour la Terre-mère et pour les êtres qui l'habitent.

Un vieil homme sage me racontait que, dans leur tribu, lorsqu'ils devaient couper un arbre, ils accomplissaient avant de le faire, un acte bien précis : ils frappaient le cercle d'arbres qui entourait celui qui devait être coupé.

À ma question du pourquoi, le vieil Indien me répondit :

« Ainsi, nous anesthésions, par cette pratique, les êtres qui font partie de l'arbre et lorsque nous coupons l'arbre choisi, c'est comme si nous faisions une opération sous anesthésie. Il ne souffre pas et sa douleur ne se répercutera pas d'arbres en arbres sur toute la Terre.

Les arbres communiquent entre eux par l'intermédiaire des êtres qui les habitent, et c'est ainsi que toute leur race est au courant du moindre mouvement qui se passe sur Terre et même dans les étoiles. »

Lors d'un passage à Ottawa, j'ai eu la grande joie de partager un peu de temps en privé avec le vieux chef des diverses tribus indiennes d'Amérique : William Commanda.

Ce dernier me racontait que leurs réunions avaient été longtemps interdites et que ce n'est que depuis quelques années qu'ils pouvaient à nouveau se rassembler :

« À l'époque où tous nos rassemblements étaient interdits, nous nous réunissions quand même car il y avait des décisions à prendre pour notre vie et celle de notre peuple.

Lorsque nous sortions le calumet qui, lui aussi, nous était prohibé, nous savions que le peuple des oiseaux surveillait les abords de notre lieu de réunion et ainsi, nous protégeait.

Bien souvent, lorsque les troupes de la police arrivaient pour nous disperser, les oiseaux volaient d'une certaine façon au-dessus de nous et nous avions le temps de ranger tout ce qui était interdit. Puis, nous nous dispersions et nous remerciions nos précieux indicateurs. »

Voici encore quelques paroles qui sont évocatrices du fait de la reliance entre le peuple amérindien et les êtres de la Nature :
http://www.syti.net/MessageIndiens.html

« Nous le savons : la terre n'appartient pas à l'homme, c'est l'homme qui appartient à la terre. Nous le savons : toutes choses sont liées. Tout ce qui arrive à la terre arrive aux fils de la terre. L'homme n'a pas tissé la toile de la vie, il n'est qu'un fil de tissu. Tout ce qu'il fait à la toile, il le fait à lui-même. » — Seattle, chef indien Suquamish.

« Le Lakota était empli de compassion et d'amour pour la Nature, et son attachement grandissait avec l'âge. (...) C'est pourquoi les vieux Indiens se tenaient à même le sol plutôt que de rester séparés des forces de vie. S'asseoir ou s'allonger ainsi leur permettait de penser plus profondément, de sentir plus vivement. Ils contemplaient alors avec une plus grande clarté les mystères de la vie et se sentaient plus proches de toutes les forces vivantes qui les entouraient.

Le vieux Lakota était un sage. Il savait que le cœur de l'homme éloigné de la Nature devient dur. Il savait que l'oubli du respect dû à tout ce qui pousse et à ce qui vit amène également à ne plus respecter l'homme. Aussi maintenait-il les jeunes sous la douce influence de la Nature. » — Standing Bear, chef Lakota (Sioux).

« Nous voyons la main du Grand Esprit dans presque tout : le soleil, la lune, les arbres, le vent et les montagnes ; parfois nous l'approchons par leur intermédiaire. (...) Nous croyons en l'Être Suprême, d'une foi bien plus forte

que celle de bien des Blancs qui nous ont traités de païens...
Les Indiens vivant près de la Nature et du Maître de la Nature ne vivent pas dans l'obscurité. »

- *CHEZ LES ESSÉNIENS*

Cette sagesse ancienne, toujours d'actualité, nous met directement en contact avec les êtres de la Nature dont les Esséniens connaissaient et honoraient l'existence.

Les Sept Voies de Paix constituent la somme de tous les enseignements esséniens. Nous pourrions aussi nommer ces pratiques « l'Arbre aux Sept Racines », dont l'enseignement donnait lieu à des « contemplations » sur l'un des aspects de la Paix.

L'ensemble de ces méditations durait sept semaines et comprenait :

la paix avec le corps,
la paix avec l'esprit,
la paix avec la famille,
la paix avec l'humanité,
la paix avec la culture,
la paix avec le royaume de la mère terrestre,
la paix avec le royaume du père céleste.

Voici quelques paroles de Jésus tirées du livre « *L'Évangile de la Paix* » de Bordeaux Szekely :

« *Et Jésus répondit :*
... Dans toute chose vivante se trouve écrite la loi. Vous la trouverez dans l'herbe, l'arbre, la rivière, la montagne, les oiseaux du ciel, les poissons des lacs et des mers, mais cherchez-la surtout en vous-mêmes... Tout ce qui vit vous parle afin que vous puissiez comprendre la parole et la volonté de Dieu Vivant. »

Jésus, devant la foule attentive, poursuit son enseignement en proposant à ceux qui l'écoutent d'entrer en communion avec les Anges :

« *Recherchez l'air pur de la forêt et des champs, car c'est là que vous trouverez l'Ange de l'Air... Il chassera de votre corps les impuretés qui le souillent extérieurement comme intérieurement.*

Après l'Ange de l'Air, recherchez l'Ange de l'Eau... il purifie tout ce qui est souillé et transforme en parfums suaves toutes les mauvaises odeurs... Tout doit renaître par l'Eau...

Et si après cela il demeure en vous encore quelques traces d'impuretés, faites appel à l'Ange de la lumière solaire...

les Anges de l'Air, de l'Eau et du Soleil sont frères, ils ont été donnés au Fils de l'Homme pour être à son service et pour qu'il puisse toujours faire appel à l'un ou à l'autre. »

Cette communion avec les grands Êtres des éléments faisait partie intégrante des enseignements développés par les Esséniens.

• *À NOTRE ÉPOQUE ET EN OCCIDENT*

La croyance dans la présence des entités de la Nature dans les mondes subtils n'est pas simplement réservée à des siècles révolus, à des pays lointains ou à des groupements ethniques bien précis.

Nos grands philosophes occidentaux et écrivains, tels Steiner ou Omram Mikaël Aïvanov, ont parlé de ces peuples et de ces mondes. Omram Mikaël, maître de la fraternité blanche universelle a proposé des moyens et des pratiques pour pouvoir entrer en contact avec les peuples de ces mondes subtils. Nous verrons ce qu'il en dit d'une façon plus détaillée lorsque nous irons plus avant dans ce domaine.

Steiner, quant à lui, fut mis en contact très jeune avec ces mondes et les êtres qui les peuplent.

En Islande, un cinéaste, Jean Michel Roux, a présenté un reportage-film intitulé « *Enquête sur les mondes invisibles* ».

Dans cet étonnant reportage, nous découvrons que le peuple Islandais honore et respecte « le petit peuple des invisibles » qu'il côtoie sans difficulté depuis l'enfance. Signalons au passage que les Islandais ont subi l'invasion du catholicisme avec moins d'intensité que les autres pays environnants, ceci pouvant expliquer cela.

Dans ce film, nous écoutons des policiers qui, enfants, se souviennent avoir joué avec de petits êtres d'autres mondes.

Nous entendons une sage-femme que « le petit peuple » avait appelée à l'aide, un soir de tempête pour aider à un accouchement difficile.

Nous nous étonnons que les mairies aient un bureau qui tienne compte de ces entités. Là encore, le maire d'une municipalité explique que lorsqu'il décide de faire des travaux d'importance, il fait appel à un médium.

Le rôle de ce médium est de rentrer en contact avec « le petit peuple » et de voir si les travaux ne passent pas sur leur territoire, sur leurs écoles ou leurs habitations. Si les travaux ne peuvent passer à d'autres endroits, le médium va voir si les êtres de ce monde invisible acceptent de déménager et quel est le temps qui leur est nécessaire pour cela.

« Si nous ne tenons pas compte d'eux, ajoute l'élu, alors nos engins tomberont en panne et les travaux seront très difficiles à réaliser ».

Le monde éthérique est un monde très proche du monde physique et qui commence à peine à nous rouvrir ses portes. Il n'est ni mieux ni plus mal que le nôtre, simplement différent et il mérite, avant tout, d'être mieux compris.

Les êtres des mondes subtils peuvent revêtir des noms divers et même des apparences différentes selon les religions et les pays. Leur influence peut être reconnue et effective ou méconnue, mais il n'en est pas moins vrai qu'elle existe.

Il est grand temps, aujourd'hui, d'en tenir compte.

QUI SONT CES ÊTRES ?

Dans les pages qui suivent j'ai souhaité, à la demande de ces Êtres, présenter quelques-uns d'entre eux avec plus de détails et de précisions les concernant.

Ne soyez pas étonnés par ce choix, il est dicté par un monde qui ne demande qu'à être mieux connu, mieux compris et accepté afin que nous puissions œuvrer dans une même direction : l'aide à la planète et à ses habitants, visibles ou non, et la préparation d'une nouvelle Terre.

À la suite de ces explications, vous trouverez les messages que certains d'entre eux ont bien voulu me transmettre.

• *LES ELFES*

Les Elfes ont une histoire qui remonte à très longtemps avant l'apparition de l'Homme. Leur fonction est d'aider les Humains dans de multiples occasions, mais l'essentiel de leur tâche est de préserver l'équilibre de la Nature. Avec les Fées des plantes, « *ils construisent et peignent les fleurs, leur sont associés les Dévas mineurs de la magnétisation, ceux qui sont attachés aux lieux sacrés, aux talismans, aux pierres et aussi un groupe spécial qui se trouve autour des habitations des maîtres, où qu'elles soient.* » — Dévas ou les Mondes angéliques, de Michel Coquet, citant ici Leadbeater.

Ils sont en connexion avec les énergies pures de la lumière, bien qu'ils aient pu avoir des conflits, d'une part avec les forces de l'ombre, d'autre part entre eux, notamment pour savoir s'ils allaient collaborer davantage ou au contraire s'éloigner de l'humain devant le matérialisme développé jour après jour dans nos civilisations.

Ils vivent extrêmement vieux mais, contrairement aux hommes, une fois adultes, ils ne vieillissent pas et la maladie leur est pratiquement inconnue.

Ils se déplacent à grande vitesse et certains sont de la taille d'une main, ce qui pourrait parfois les faire prendre pour des libellules. Leur dévouement à leur tache, qui est de parfaire la Forme, est sans faille.

Leur tempérament est parfois nostalgique, car il arrive que des ondes pernicieuses les envahissent et dévitalisent l'énergie qui les fait vivre, en ternissant la lumière qui les entoure. Cela arrive le plus souvent à ceux qui sont proches des hommes et qui sont pollués par les émissions psychiques du monde physique, car ils ne possèdent pas les protections dont disposent habituellement les Humains.

Ils sont très proches de la Nature et des cycles qui la composent.

Leur intelligence est vive et bien souvent supérieure à celle de la majorité des êtres humains. Leur longévité exceptionnelle leur permet d'emmagasiner une sagesse, un savoir et des connaissances immenses. Leur vue et leur ouïe sont excellentes, quant à leur voix, elle est semblable au murmure de l'eau et semble à celui qui l'écoute d'une douceur inégalée.

Les Elfes de Lumière sont les plus spirituels d'entre eux.

Les Elfes des forêts côtoient peu les Humains car ils s'en méfient.

Les Elfes de l'Eau peuvent respirer et vivre sous l'eau.

Les Elfes de Lune sont plus pâles aux cheveux blancs et argentés.

Les Elfes noirs sont des êtres qui caractérisent nos haines et nos luttes. Ils n'existent que parce qu'en nous, la haine envers notre propre race existe encore. Ils sont une contrepartie des Elfes de Lumière, de la même manière que les frères de Shambhalla ont pour contrepartie les frères de l'anti-Shambhalla.

Dans la perte de mémoire de notre Divinité, nous avons oublié que l'ombre n'existe que parce que la Lumière le veut bien et que cette même ombre est toujours au service de la Lumière. Elle est là pour que nous puissions voir en nous ce qui la génère et l'entretient, afin qu'un jour nous puissions sortir de la dualité pour rejoindre l'Unité.

• *LES SYLPHES*

Ils sont proches des oiseaux et leur servent d'intermédiaires au moment dè leur mort. Les Sylphes recueillent le dernier souffle des oiseaux mourants... ils portent ces substances dans les hauteurs... cette substance astrale intérieurement lumineuse se répand dans l'air. Les Sylphes jaillissent tels des éclairs bleus... ils absorbent l'astralité des oiseaux et comme des éclairs, s'élancent vers les hauteurs... ils deviennent ainsi ce qui est aspiré par les plus hautes hiérarchies.

Les âmes-oiseaux sont telles des messagers. Elles parlent par images au peuple animal. Elles sont très organisées et sont celles qui détiennent le plus de connaissance.

Elles sont capables d'indiquer aux animaux les endroits, même à de longues distances, où ils pourront s'abreuver et se nourrir.

Les âmes-oiseaux qui sont emprisonnées chez les hommes ne peuvent rester longtemps dans leur corps. Elles disent que le peuple des hommes n'est pas parfait car il ne sait pas jouer, contrairement aux autres peuples.

Les Sylphes sont d'une intelligence supérieure à bon nombre d'êtres éthériques et, bien que faisant partie d'une âme groupe, ont une vision élevée de la Vie en général.

Libérés de la matière physique, ils ont cependant un intense désir d'accéder à l'individualité.

• *LES GNOMES*

Les Gnomes sont de petits êtres qui mesurent entre quinze et trente centimètres de haut. Ils peuvent aussi atteindre, pour certains d'entre eux, la taille d'un enfant de sept ans. Ils ne sont pas méchants, mais aiment à jouer des tours aux Humains.

La plupart évitent le contact avec les Hommes pour lesquels ils ont peu d'estime et s'éloignent des lieux pollués tels que les villes des Humains. D'autres, cependant, plus en relation avec les êtres humains, habitent non loin des fermes et des maisons.

Contrairement aux Elfes et aux Fées, ils vieillissent et se présentent souvent sous une apparence de personnes âgées et ridées.

Ils sont intelligents et leur ouïe est très développée. Leurs oreilles peuvent se mouvoir dans différentes directions pour capter des sons inaudibles à l'oreille humaine.

Travailleurs au caractère très indépendant, ils sont nombreux et veillent sur la forêt, les rochers ou le cœur de la Terre, selon leur spécificité. Ils construisent et détruisent tout ce qui représente une forme terrestre, selon que cette forme doit naître ou au contraire se refondre dans l'élément qui est le sien pour se régénérer. Ils sont extrêmement attentifs à ce qui se passe autour d'eux et, même s'ils ne s'intéressent pas ou peu aux autres, tout ce qui les entoure et qui constitue le monde les passionne.

Ils soignent les animaux et certains d'entre eux sont tellement unis aux minéraux qu'ils en comprennent les émotions et sont capables d'en ressentir les sentiments.

Ils font partie de l'élément Terre, ce qui signifie que pour eux, cette matière, qu'elle se présente sous forme de rocher ou de montagne ne peut être un obstacle... au même titre que nous traversons l'air sans en ressentir la pesanteur.

Ils sentent les différences entre les diverses veines qui parcourent le sous-sol de la planète. Par exemple, il leur est facile de percevoir un filon aurifère ou une veine argentifère.

Ils sont sensibles aux influences lunaires et changent de forme en fonction des lunes. Ils peuvent apparaître avec plus de facilité au moment de la pleine lune dont le rayonnement les perturbe.

→ Dans le petit livre de Steiner « Les êtres élémentaires » nous pouvons lire ceci :

« *Si la lune approche de son premier quartier, les Gnomes deviennent transparents et merveilleux... C'est au moment de la nouvelle lune que les Gnomes sont particulièrement intéressants parce que chacun d'eux porte en lui tout un monde et dans ce monde reposent réellement les secrets de la lune... ils sont les gardiens de la continuité des structures solides dans l'évolution.*

Ils sont en fait de précieux gardiens de la Terre et de ses trésors, ils surveillent la pousse des plantes et des arbres et notamment la bonne santé de leurs racines. »

Les Gnomes qui œuvrent dans les mines sont là pour aider les mineurs à découvrir des filons et à éviter les dangers inhérents à leur travail.

Leur esprit facétieux ne les empêche pas de rendre parfois la vie difficile aux mineurs, et à tous ceux qu'ils côtoient.

• *LES LUTINS*

Les familles de Lutins sont si nombreuses qu'il est difficile de les définir. Ils sont eux aussi facétieux et aiment à jouer des tours aux Humains, sans méchanceté, même si cela agace bien souvent celui qui en est l'objet. Ils aiment que l'on tienne compte de leur présence et, si l'habitant les ignore, ils lui jouent des tours qui ne sont pas toujours appréciés.

Le miel, les gâteaux genre brownies et le lait sont des nourritures très appréciées de ces petits êtres. Si vous voulez vous accorder leurs faveurs, il serait bon que vous leur laissiez à disposition, près d'un arbre non loin de la maison ou dans votre foyer les nourritures dont nous avons parlé plus haut.

Il est de coutume, la nuit de Noël de leur laisser du lait, des gâteaux et parfois du tabac pour les remercier de l'aide qu'ils apportent.

J'étais en voiture au Québec, une fin d'après-midi, en pleine campagne, lorsque je vis assis sur une borne placée sur le côté de la route, un petit être avec un bonnet rouge et une pipe. Interpellée, je le regardai et me retournai pour être sûre de n'avoir pas rêvé.

C'est alors que je le vis me faire un signe de la main qui me confirma que, si je pouvais le voir à ce moment précis, c'est parce qu'il le voulait bien. Je ne saurais dire s'il s'agissait là d'un Lutin ou d'un Gnome, mais ce qui était certain est qu'il ne faisait pas partie de la race des hommes.

Les Lutins sont souvent en rapport avec les enfants qui les voient facilement. Ils leur servent de conseillers, de compagnons de jeu ou de protecteurs mais il leur arrive parfois de dépasser leur fonction et d'être un peu encombrants.

Je me souviens d'une maman qui raconta l'histoire suivante :

Son fils, alors âgé de quatre ans, se plaignait que, la nuit, des petits êtres venaient et lui prenaient ses jouets. Après plusieurs jours pendant lesquels l'enfant raconta inlassablement la même histoire, la mère eut une idée. Elle dit à son enfant :

« Nous allons faire un gâteau pour tes petits compagnons, vous le mangerez ensemble et tu leur demanderas après ça de ne plus te déranger. »

La maman fit un excellent gâteau qu'elle déposa le soir dans la chambre de son fils.

Au matin, lorsqu'elle rentra dans la chambre de l'enfant, elle eut la surprise de découvrir que le gâteau avait été entièrement mangé. Il ne restait plus que des miettes sur le sol. Le petit garçon expliqua que la nuit, les petits êtres étaient revenus et avaient accepté de partir définitivement ou du moins de ne plus se montrer, après avoir mangé le gâteau.

Depuis ce jour, l'enfant ne fut jamais plus ennuyé par ces entités.

L'une des particularités des Lutins est de prendre un soin particulier des chevaux. Ils travaillent surtout la nuit car pour tous les êtres de l'Éther, la polarité est inversée et la nuit est pour eux notre jour.

Le témoignage de G. le Calvez, instituteur à Caulnes (en Bretagne) est édifiant à ce sujet. Il parle d'un Lutin vivant chez l'une de ses connaissances en ces termes :

« Un Lutin, depuis six ans, avait pris soin de gouverner l'horloge et d'étriller les chevaux...

Je fus curieux un matin d'examiner ce manège : mon étonnement fut grand de voir courir l'étrille sur la croupe du cheval, sans être conduite par aucune main visible... Si le charretier... aime ses chevaux et ne médit pas des Lutins, il peut être tranquille... »

Un autre travail de certains Lutins ne manquera pas d'interpeller plusieurs d'entre nous : il est parmi les Lutins ceux qui sont doués pour tout ce qui concerne la technologie de haut niveau. Ils peuvent se trouver dans les moteurs de vos voitures ou de vos machines, quels qu'ils soient, mais aussi près de vos ordinateurs. Comme tous les Lutins, ils sont facétieux et peuvent irriter plus d'un Humain, ce qui les amuse beaucoup. Cependant, ils veillent à ce que tout, au final, se passe au mieux.

Si vous voulez vous concilier leurs bonnes grâces ainsi que leurs compétences, un verre de lait, du gâteau, une fleur près de votre ordinateur leur montrera que vous avez de l'estime pour eux. Parmi leurs facéties, il en est une qu'ils aiment plus particulièrement : combien de fois, pour ne citer que cet exemple banal et fréquent, ne sommes-nous pas à la recherche d'un objet que nous avions posé dans un endroit évident ?

Pourtant, nous avons beau retourner l'endroit dans tous les sens, l'objet en question a bien disparu. Il nous suffit d'attendre un peu ou de sortir et, à notre retour, quelle n'est pas la surprise de retrouver l'objet en question à l'endroit où nous l'avions mis au départ...

• *LES SALAMANDRES*

Les Salamandres ont le Feu pour élément.

Leur forme est différente de tout ce que nous connaissons, nous pourrions même parler de « sans forme » ce qui est différent du mot : « informe ». En effet, elles peuvent apparaître dans le feu sous des formes diverses et mouvantes, mais toujours harmonieuses.

Tout ce qui est du domaine du Feu les concerne. Les orages ou plutôt les éclairs et la foudre. Les feux, quelle que soit leur origine : les feux des foyers, les feux de brousse, les incendies et tous les feux qui entrent dans nos actes quotidiens sont sous leurs directives.

Elles sont aussi en rapport avec le feu de la Kundalini. Celui qui brûle en nous et peut se développer, soit très harmonieusement au fil de notre croissance intérieure, soit d'une manière violente et déstructurante, lorsque l'on veut forcer sa montée.

La Kundalini, énergie qui se situe dans l'axe de notre colonne vertébrale subtile permet, au fil de notre élévation spirituelle, d'illuminer chaque chakra et d'ouvrir la porte de la conscience qui lui correspond, selon le rythme de ce que nous vivons, expérimentons et comprenons.

Certaines pratiques de respiration peuvent accélérer ce processus, mais ce n'est pas sans danger. Si ces respirations ne sont pas surveillées par des instructeurs avisés, le feu de la Kundalini devient alors un feu destructeur et non plus purificateur. Dans ce cas la personne qui vit ce processus peut être en proie, durant des années, à des phénomènes qu'elle est incapable de gérer et qui peuvent l'amener à la folie.

L'Élément Feu est le plus subtil mais aussi le plus dangereux des éléments. Il a la capacité de pénétrer tous les autres éléments, il imprègne tout, il est partout. Il peut être perçu extérieurement mais aussi intérieurement, à la différence des autres éléments.

En effet, lorsque nous avons chaud ou que nous faisons de la fièvre, le feu intérieur apparaît.

L'Humain n'est pas encore capable de le maîtriser réellement et court à sa perte à la moindre faiblesse de sa part.

Les Salamandres sont aussi en rapport avec le processus alchimique de transmutation du plomb en or. Elles président aux feux qui illuminent les étoiles et les planètes.

J'ai eu l'occasion de rencontrer en Afrique les maîtres du Feu, que ce soit au Zaïre ou au Burkina.

Ce qui m'a donné l'occasion d'assister à des cérémonies étonnantes :

✦ *Le Maître du Feu*

Le Maître du Feu était là. Je le connaissais et je n'aurais jamais pensé qu'il avait ce contact avec l'élément Feu. Les a priori sont parfois tenaces lorsqu'ils découlent de notre éducation ou de notre culture. Dans ma tête, un maître, quel qu'il soit, notamment s'il maîtrise les éléments, se devait d'avoir une vie lumineuse ou du moins harmonieuse.

Mon mental s'accrochait à cette idée... aussi, lorsque je le vis arriver en habits de cérémonie, lui, le bel homme attiré par toutes les femmes qui passaient, souvent en proie à des colères et à des émotions diverses... j'eus un moment de surprise.

J'apprécie ces moments où le mental ne sait plus à quoi s'accrocher, ces instants véritablement initiatiques où il nous est possible de choisir entre stagner dans le connu ou mettre un pas dans l'inconnu.

Ce soir-là correspondait à l'un de ces instants-là et j'avais choisi de faire le pas.

Je regardai attentivement ce qui ne manqua pas de suivre.

L'homme se concentra et je vis qu'il savait ce que c'était que d'entrer en état méditatif, en communion avec les éléments. Autour de lui, plus rien ne bougeait et l'air lui-même semblait s'être arrêté de respirer. J'ignorais qu'il savait se centrer de la sorte.

Mon mental m'avait menti, comme bien souvent lorsque je me fiais à lui et m'avait fait juger sans savoir ou du moins supposer... ce qui n'était guère mieux.

L'homme, qui avait les yeux fermés, les ouvrit et disposa quelques branches comme pour allumer un feu puis, il se mit à dessiner d'étranges figures sur le sol.

Il se pencha un instant sur les branches comme pour leur parler et saluer quelque chose ou quelqu'un que je ne voyais pas.

C'est alors que, soudainement, un brasier s'alluma, d'abord modeste puis gigantesque. Les flammes dansaient et tournoyaient et je perçus ceux que l'on nomme « les êtres de flamme ». Ils se dressaient là, avec des expressions mouvantes, tantôt grimaçantes, tantôt rieuses. Ils jouaient et tournoyaient, faisant corps avec l'ensemble du feu.

L'homme prit alors une branche enflammée et commença à se doucher avec le feu. Il passait la flamme sur tout le haut de son corps à présent nu comme l'on peut faire sous une eau bienfaisante. Le Feu était son allié et je savais en cet instant, qu'il ne le brûlerait pas mais qu'il le purifierait.

Avec puissance, le danseur continua sa danse et, posant le morceau de bois brûlant, il s'empara de braises qu'il tint quelques minutes dans les mains. Puis, tout en passant devant chacun de nous, il les avala l'une après l'autre.

Sur un plan plus subtil, je pouvais voir des êtres de flamme tournoyer autour de lui et le frôler comme pour le caresser au passage. Ces êtres, sans visage véritable et au corps mouvant, me parurent émettre une force et une beauté indicibles.

Mon mental était au repos et je savais que je pouvais me fier à mon ressenti. Les Êtres de Feu qui étaient présents n'étaient pas dans l'énergie de la destruction mais bien de la purification. Ils pouvaient être des « Shiva » qui détruisent l'ancien pour faire place au nouveau qui vient, mais ils ne pouvaient être négatifs et détruire pour le simple plaisir.

Je les voyais et ils me regardaient, puissants et ludiques, accompagnants d'un moment du « maître du Feu » qu'ils semblaient suivre et protéger, tant ils l'entouraient comme une garde rapprochée.

✦ *Marche sur le feu*

Au Sri Lanka, j'ai pu aussi assister à des cérémonies impressionnantes. L'une d'elle était la marche sur le feu. Il ne s'agissait pas d'un petit brasier mais d'une immense étendue de plusieurs mètres de long et d'un mètre de large, remplie de braises incandescentes.

Cette fois encore, j'eus la possibilité de voir les futurs marcheurs, quelques heures avant qu'ils ne commencent. Chacun était préparé par un homme qui semblait être son guru. L'un de ces guides m'expliqua :

« Nous faisons faire des jeûnes et des méditations durant plusieurs jours à ceux qui veulent tenter l'expérience car il est nécessaire, non pas d'accomplir une performance, mais d'entrer en contact avec l'âme qui préside à tout cela et qui vit dans le Feu.

Je ne vous parle pas ici des petits êtres du Feu mais du grand esprit qui les dirige. C'est avec lui que doit entrer en relation l'âme de celui qui veut traverser le feu. C'est à lui que l'autorisation puis le soutien doivent être demandés.

S'il donne son accord, l'homme ou la femme peuvent danser sur le brasier sans que rien de nocif ne puisse leur arriver. »

C'est ainsi que je pus assister à des cérémonies où les chants dévotionnels accompagnaient les danseurs du Feu en état de transe. Il leur arrivait parfois de porter un enfant sur les épaules tant ils avaient confiance dans leur pacte avec l'entité Feu.

Ils sortaient de la marche sans aucune brûlure, même au niveau de la plante des pieds, après avoir cheminé sur un brasier long parfois de cent mètres.

Dans la Terre Creuse, au cœur de l'élément Feu, il est des êtres qui vivifient tout ce qu'ils approchent. Ils n'ont pas de notion de bien et de mal et sont bien éloignés de la morale humaine. Ils sont, comme tout Humain, en évolution et génèrent une force indispensable à la Vie. Ces êtres de flamme ont pour corps grossier le feu des volcans.

« *On peut empoisonner le Feu aussi aisément que l'on peut rendre l'air putride ou que l'on pollue une source... Le Feu est un élément privilégié, un extraordinaire messager du Divin intimement lié à tous les autres éléments de la création.* » — Voyage à Shambhalla.

Le Feu œuvre avec l'énergie du sept qui donne la mort initiatique pour accéder à la renaissance. Un Feu pur ne brûle pas s'il est dirigé par un être lumineux. Il permet de changer d'état vibratoire en brûlant les entraves liées à la matière.

- *ONDINS/ONDINES ET AUTRES PEUPLES DE L'EAU*

L'eau peut-être comparée au sang de la Terre. Tout corps immergé dans l'eau rentre alors en contact avec ses propres mémoires véhiculées par chacune de ses molécules.

Ces consciences qui vivent dans l'élément Eau sont les matrices des mondes à venir. Ce sont les êtres de l'élément Eau et leur apparence est multiple.

Certains de ces Êtres ont une taille humaine, d'autres sont bien plus petits.

En juillet, août et septembre, la mer baltique fleurit, les substances putréfiées remontent à la surface et prennent des couleurs allant du vert au bleu, mais de tout cela émane une odeur nauséabonde pour un Humain. Les Ondines n'en sont pas affectées et, au contraire, elles voient une transformation qui les aide à s'élever vers des sphères plus éthérées.

Ces petites Fées de l'Eau sont peu en contact avec les êtres de la Terre, et pourtant elles essaient parfois de les attirer à elles. Lorsque la fascination est telle que l'homme se laisse séduire, il peut alors être entraîné dans leurs royaumes et y passer le reste de sa vie.

Il ne s'agit en rien d'un maléfice mais d'un choix.

Elles vivent habituellement sous l'eau, dans des palais qui ressemblent à du cristal.

Elles gardent les sources et les fontaines, les rivières et les lacs mais aussi les océans et les mers.

Elles peuvent être assimilées à des Fées et sont parfois nommées « Fées des fontaines ».

Il est une légende dans la forêt de Brocéliande qui prétend que les Fées aiment d'étranges cadeaux et que, si l'on offre à la Fée du lieu quelques épingles et des miettes de pain que l'on jette dans la fontaine, il est possible de voir son rire se matérialiser à la surface de l'eau, sous forme de bulles qui sortent de la vase.

À chacun d'essayer ce joyeux rituel !

L'heure des Nymphes qui correspond à l'heure de leur bain est habituellement vers 11 heures du matin.

Elles peuvent changer de forme et toutes ces petites créatures ne sont pas sensibles à ce qui est bénéfique ou non pour l'homme, du moins comme celui-ci l'entend. Elles œuvrent essentiellement pour le maintien de la pureté de la Nature et considèrent malheureusement bien souvent l'être humain comme un nuisible.

Lorsque l'eau renferme du sel, de l'iode et d'autres éléments, la conscience de ses habitants y est plus tonique, plus vive.

Lors de ma rencontre avec le peuple animal, un grand Déva nous enseigna, de sa voix douce et chaleureuse, ce qui suit :

« *Lorsque vos semblables croient verser le sang autour d'eux, c'est d'abord sur eux qu'ils le répandent. C'est par de tels mécanismes et leur répétition que vous avez gravés en vous un certain goût de la souffrance et de la mort. Tournez la page, frères Humains ! toutes les forces de la création vous le demandent car ce qui s'exclut du flot naturel de la vie se condamne de lui-même à l'asphyxie...* »

C'est alors que la conscience du dauphin s'adressa à nous en ces termes :

« *Regardez maintenant en dessous de vous, sur le sable et parmi les algues de cette mer. Ce sont les débris de ce qui fut autrefois de riches demeures humaines... les vestiges que vous voyez ici... sont contemporains de cette Atlantide que vous avez réduite à l'état de mythe... la Terre-mère va vous les retourner afin que vous commenciez à vous souvenir sans possibilité de nier...*

Quelques-unes d'entre nous dans les profondeurs marines, connaissent mieux votre Terre que vous ne sauriez l'imaginer... L'univers des océans est une galaxie dans laquelle certains de mon peuple voyagent en conscience... il abrite une supra-intelligence, une forme de vie tout Amour dont vous n'avez pas la moindre idée.

C'est une intelligence, une présence, proche de nos cœurs et dont les étoiles sont le relais. » — Le peuple animal.

✦ Le Maître de l'Eau

C'était un soir, le calme régnait en maître dans le village et la fête se préparait. Il était là, non loin de moi, et je sentis qu'il était absorbé dans une profonde méditation.

Respectueuse de son silence, je me contentai d'être là, méditative moi aussi.

Puis je le vis se diriger vers sa case et prendre un grand récipient qu'il avait au préalable rempli d'eau.

Le récipient sur les genoux, il reprit sa méditation puis je l'entendis parler à voix basse et je compris qu'il priait, sans cependant savoir qui il priait.

C'est alors qu'au-dessus de l'eau je vis des formes se déplacer, de longues silhouettes bleutées et mouvantes. Elles allaient de l'eau à l'homme et semblaient danser un ballet où chaque mouvement était harmonieux et pensé.

Le ballet cessa et l'homme s'arrêta de psalmodier. La population du village commença à se rassembler autour de lui comme attirée par quelque chose quelle ne voyait pas mais qu'elle ressentait profondément.

L'homme qui, jusque-là, avait gardé les yeux fermés, ouvrit sur la foule un regard étrange, inhabituel que je ne reconnaissais pas mais qui était, comme à son habitude, chargé de bienveillance.

Il demanda un tissu dont il entoura le récipient rempli d'eau et d'un geste sûr, il retourna le tout.

Aucune goutte ne s'échappa. Tout semblait gélifié au fond du récipient et je vis dans l'Éther une myriade de petits êtres joyeux qui riaient de voir la population stupéfaite.

L'homme se leva et esquissa quelques pas de danse, le récipient toujours retourné vers le sol puis, il se mit à danser d'une danse lente et envoûtante qui dura quelques instants, entouré cette fois, sur les plans subtils, de ces êtres aux longues silhouettes bleutées et mouvantes.

Le ballet cessa, l'homme reprit sa place et remit le récipient dans le « bon sens ». Il enleva le tissu qui lui avait permis de le tenir ainsi et il versa une partie de l'eau qui était redevenue vivante au pied d'un arbre tandis qu'il offrait le reste aux spectateurs pour qu'ils puissent en boire un peu.

• *LES FÉES*

« *Ces élémentaux appelés "Fées" peuvent être reliés à la Terre mais aussi à l'Eau et à l'Air. Elles sont le plus souvent d'apparence humaine bien qu'elles se montrent sous des aspects très divers. Celles qui sont le plus proche des hommes ont souvent la taille d'un Humain adulte. Leur vie n'a pas une durée définie et peut être courte ou longue, elles quittent leur corps lorsqu'elles sentent qu'il n'est plus aussi vivant et qu'elles éprouvent une lassitude non pas physique mais de la Vie. Durant leur vie, nul repos est nécessaire et elles naissent complètement développées.*

Elles sont sensibles aux rayonnements de la Lune et du Soleil qu'elles apprécient particulièrement. Elles sont en lien constant avec la Nature, avec la beauté qui s'en dégage et à laquelle elles participent, constamment et joyeusement.

Comme certains Gnomes guérisseurs, elles veillent sur les oiseaux, les insectes, les écureuils et tout ce qui va éclore ou naître dans le monde animal. » — Dévas ou les Mondes angéliques, de Michel Coquet, citant Stanislas de Gaïta et Leadbeater.

• *LES DÉVAS*

Voici un extrait de « *Terre d'Émeraude* » dans lequel l'Être qui nous sert de guide présente les Dévas de cette façon :

« *As-tu jamais entendu parler des Dévas ? C'est un terme d'origine sanskrite qui signifie à peu près :*
Êtres de lumière…
Les Dévas sont des êtres de lumière qui ont en charge ce que nous pouvons appeler schématiquement les "forces de la Nature".
La Nature, c'est pour l'homme aussi bien les éléments que les trois règnes qui cohabitent avec lui, c'est-à-dire : le minéral, le végétal et l'animal.
…Je pourrais te dépeindre le vrai visage des Dévas mais cela ne serait d'aucune utilité car il me faudrait déployer une énorme quantité de notions dont aucune n'a cours sur Terre… Imagine simplement les Dévas comme des êtres infiniment lumineux et d'une puissance extraordinaire, des êtres d'une grande sagesse et qui possèdent en eux la clef de l'évolution future des créatures qu'ils dirigent.
…Il est des milliers de Dévas de par l'univers. Chacun d'eux est la force, la volonté et le savoir d'une variété d'êtres n'étant pas encore parvenus à une individualisation parfaite. Un Déva est une grande âme globale qui résume à elle seule toutes les âmes diversifiées qui naîtront de la catégorie de créatures auxquelles elle prodigue ses soins.
Le Déva est l'âme d'un groupe, la source du savoir que les hommes nomment instinctif… Si tu avais la capacité de voir les Dévas, à l'aide de tes yeux d'homme, tu les trouverais peut-être d'une indicible laideur. Ils sont pourtant d'une grande et puissante beauté…

As-tu jamais vu ces bandes d'oiseaux migrateurs qui suivent leur chef dans un même élan ? Elles savent que bien souvent ce chef communique avec la grande âme qui les fait vivre. Tous les règnes de la Nature ont leurs prêtres et leurs initiés. Ainsi, le Déva de l'or est l'initiateur suprême de tous les minéraux terrestres, le ferment de la race.

Voici pourquoi tu te dois de considérer l'Univers comme ta patrie et tous les types d'existence comme appartenant à la Grande Vie au même titre que toi. Le plus petit brin d'herbe possède ta vie et celle de dix mille soleils. »

Les Dévas sont des constructeurs, ils transforment les énergies pour en faire des structures toujours plus matérielles. Constructeurs de la Vie, ils sont depuis longtemps sur Terre. Ils trouvent leurs matériaux de construction dans nos pensées positives, dans l'art, dans nos concepts et dynamisent les plantes tout en générant chez l'être humain des sentiments de joie, d'élévation et de beauté. Ils œuvrent essentiellement dans les plans supérieurs.

Leur sens du service est extrêmement développé et le plus souvent tourné vers les Humains. Le Déva est souvent confondu avec les Anges dont il est proche et si l'on parle de l'Ange du son ou de l'Ange du silence, l'appellation Déva pourrait également leur être attribuée.

« Les grands Anges du silence vont profondément dans les racines de chaque plante pour lui faire prendre conscience

que quelque mauvais traitement qu'elle puisse recevoir, tout est bien. » — La Voix des Anges, de Dorothy Maclean. Nous contactons ce Déva lorsque tout est calme en nous et que nous approchons du Soi.

• *L'ÂME-GROUPE*

Il existe par ailleurs un représentant de l'âme-groupe très différent du Déva. Il insuffle sa force, son savoir et ses limites à ceux qui sont sous sa direction.

L'âme-groupe correspond à une entité qui exprime son énergie à travers toute forme de groupement, quel qu'il soit. Elle se sert des ondes directrices qui émanent d'un groupe afin de le diriger. C'est une force qui absorbe celui qu'elle habite en lui imposant des schémas répétitifs et des réactions automatiques.

Elle sait qu'un temps viendra où l'une ou l'autre des âmes sous sa coupe se rebellera pour toucher à l'individualité. C'est un phénomène logique et qui s'accélère avec la marche des temps.

Dès que vous agissez en groupe, vous êtes sous le contrôle d'une âme-groupe qui, selon la dominante qui émergera de la conscience des personnes réunies, vous dirigera vers telle action, tel combat ou telle attitude. Les hommes de guerre, comme les chiens de chasse sont menés par une entité qui les fait agir comme un seul corps.

Ce qui signifie que l'âme groupe n'est pas l'apanage, comme certains aimeraient à le croire, du peuple animal.

• *LES ENTITÉS ANGÉLIQUES*

Il est des êtres dont il a été largement question ces dernières années, je veux parler ici des Anges gardiens.
Toutes les religions en font des descriptions évocatrices.
Dans la religion chrétienne, c'est un Ange qui annonce à Marie sa future maternité.
Les psaumes, l'apôtre Jean, font état de milliers d'Anges tandis que, dans la kabbale, les rabbins évoquent des Anges en abondance.
Il arrive également de trouver dans les livres religieux des classements concernant les Anges. Nous commencerons donc par ceux qui sont les plus accessibles aux hommes :
    les Anges,
        puis viennent les Archanges,
et plus haut encore nous trouverons :
    les Trônes au pied du trône divin,
    les Chérubins savants et sages,
    les Séraphins ou Anges de Feu.
Les Anges accompagnent les Humains durant leur vie, du moment précis de la naissance (moment du premier cri) jusqu'à leur mort. Souvent, la religion catholique mentionne un Ange gardien par personne.

Curieusement, les Musulmans en ont deux et les Persans cinq.

Pour les Juifs, les Anges peuvent être invoqués mais ils sont différents de Dieu et pour cela même, ne doivent pas être adorés.

Dans la kabbale sont évoqués, entre autres :
• Les *Hayot Hakhodesh,* « animaux sacrés » qui soutiennent le trône de Dieu. Il s'agit d'un seul être vivant, le *tétramorphe,* dont les quatre faces sont décrites de façon similaire aux représentations des quatre évangélistes : une face d'homme, une de lion, une de bœuf (ou de taureau) et une d'aigle (Ezéchiel 1:5-10). Seuls les êtres d'Amour et d'Unité peuvent les approcher.

• La hiérarchie angélique de la kabbale chrétienne est nommée dans la kabbale juive les *Ophanim.* Elle rythme le temps.

• Les *Erelim* sont les forces qui protègent et vivifient le Monde d'En-Haut.

• Les *Hashmalim* sont, selon la tradition, les exécutants des Cieux et ceux qui donnent les ordres. Ils décident ce qui doit être fait et accompli selon les buts cosmiques de Dieu.

Le *Talmud* (Hagigah 13 a-b) nous dit que les *Hashmalim* sont des créatures parlantes et de feu (*Hayyoth 'esh 'memaleloth*).

• Les *Seraphim* ou « les brûlants » sont associés à la prière et aux louanges car ils laissent passer vers les sphères supérieures les supplications et demandes pures. Dans *Isaïe* (6:2-6), ils sont décrits dotés de six ailes.

Beaucoup a déjà été dit sur les Anges et je ne m'attarderai pas davantage sur leurs fonctions et leur description.

Il est temps à présent d'aller à la rencontre d'autres êtres qui eux aussi peuplent notre monde : les êtres qui peuplent l'intérieur de la Terre.

• *LES PEUPLES DE LA TERRE CREUSE
OU TERRE DU DEDANS*

✦ *L'Explorateur*

Je me souviens du témoignage d'un explorateur qui, lors d'un voyage à la recherche d'un trésor légendaire, vécut plusieurs mois dans la jungle où il s'était lié d'amitié avec une tribu indigène. Il découvrit bientôt que, chaque soir, deux hommes de la tribu partaient pour garder l'entrée d'une grotte.

Intrigué, il leur demanda ce qui les amenait à cet endroit précis.

Les indigènes refusèrent de répondre puis, lui faisant peu à peu confiance, ils finirent par expliquer que, depuis toujours, de générations en générations, ils avaient pour mission de garder l'entrée d'un royaume où vivaient des êtres non tout à fait terrestres.

Un jour, après avoir demandé l'autorisation de pénétrer dans ce lieu, il reçut l'accord du chef du clan qui le fit accompagner de quelques hommes jusqu'à un endroit précis de la grotte.

Arrivés à ce point, les accompagnateurs refusèrent d'aller plus avant. L'explorateur avait beau insister, rien n'y faisait, si bien qu'il décida de continuer seul son périple.

Ses guides partis, il s'avança plus profondément dans la grotte... il venait juste de faire quelques mètres de plus lorsqu'il eut soudain la sensation vertigineuse de glisser à toute allure dans un tunnel sans fin.

Il perdit la notion de l'espace et du temps, ne ressentant plus que cette sensation de tomber dans un vide tournoyant et vertigineux dont il ne voyait pas d'issue. Tout à coup, la spirale cessa et l'homme se retrouva allongé sur un sol lisse et brillant qui n'avait plus rien à voir avec l'intérieur d'une grotte. Après avoir repris ses esprits, il regarda autour de lui : la luminosité semblait venir de partout, sans source précise et éclairait une salle immense, d'une grande beauté, semblable à une cathédrale. Tout semblait vivant.

Il resta là, ébahi, lorsqu'il entendit des pas légers, semblables à un frôlement de tissu sur un sol qui paraissait brillant et lisse comme le marbre.

Il ne pouvait bouger, comme paralysé et attendit la suite, en proie à une anxiété grandissante, lorsque deux silhouettes, grandes et à l'allure majestueuse s'approchèrent de lui. Il semblait émaner d'elles tant de sérénité que l'explorateur sentit s'évaporer toute forme de peur. Les visages se dessinèrent et l'aventurier remarqua combien la régularité de leurs traits et la puissance sereine de leurs regards l'apaisaient.

Il entendit alors au centre de son crâne des paroles dont il comprenait toute la portée et la signification.

Ils lui expliquèrent qu'ils étaient un grand nombre à habiter le centre de la Terre et qu'ils auraient bientôt des contacts avec ceux de la surface. Ils ajoutèrent que leur civilisation était bien plus avancée que la nôtre non seulement sur un plan technologique mais aussi sur ce que nous nommons « ouverture de conscience ». Ils affirmèrent vouloir partager leurs connaissances mais ne pouvoir en dire davantage pour le moment. La rencontre fut brève mais intense. C'est alors que l'explorateur perdit conscience durant un temps qu'il fut bien incapable d'évaluer et se retrouva sain et sauf à l'entrée de la grotte, tandis que ses guides autochtones l'attendaient en riant.

✦ *Voyage à Shambhalla*

Lorsque je vécus l'expérience du « *Voyage à Shambhalla* », avant d'entrer en contact avec les êtres de la Terre Creuse, j'eus moi aussi cette sensation de glisser dans un couloir à grande vitesse, jusqu'à l'arrêt au cœur d'une immense cathédrale de pierre, géode démesurée, dont chaque cristal géant semblait vivre d'une vie autonome et sacrée.

J'avais l'intime conviction de me trouver en présence d'Êtres véritables et lumineux du monde minéral.

Le Frère DK, s'adressant à nous, prit la parole en ces termes :

« Frères, ceci est la porte d'accès au premier des mondes souterrains. Je dis premier car il en existe sept. En vérité, vous le savez, votre Terre est aussi creuse qu'un ballon... rempli d'un grand nombre de formes de vies évoluant sur différents plans vibratoires. »

Un peu plus loin, le Frère DK ajouta ceci :

« Des sept mondes... quatre seulement sont perceptibles... par ceux qui portent encore le nom d'Humains. Les trois univers centraux constituant le noyau de la planète sont hors de portée réelle hormis pour les sept frères les plus expérimentés de Shambhalla... Tout cela n'empêche pas notre frère du cœur central de la Terre de visiter périodiquement les hommes. Son but est d'impressionner les âmes, de distiller certaines notions. Les traditions orientales le nomment "roi du monde". Il est aussi appelé le Maha de la Terre et apparaît à certaines occasions sur un éléphant blanc afin de mieux marquer les esprits.

L'une de ses tâches est de préserver le savoir concernant l'évolution de la Terre. Il est le gardien des mutations planétaires. Il est en relation constante avec les êtres du quatrième monde : douze êtres qui harmonisent la Terre avec les influences planétaires majeures. »

Il est des millions d'êtres qui sont répartis sous la surface du globe, dont certains depuis douze mille de nos années terrestres. Ces êtres qui ont longtemps refusé de collaborer avec ceux de la surface de la Terre acceptent aujourd'hui d'aider les Humains à modifier leur mental pour accéder à l'Amour qui seul régénérera leur planète. Ils faisaient autrefois partie des classes sacerdotales et n'ont pas voulu vivre les déluges et leurs conséquences. Leurs connaissances sont fabuleuses et proviennent de leurs civilisations englouties. Ils président à l'élaboration d'un gouvernement spirituel et lumineux qu'il est impossible de concevoir avec nos données actuelles.

✦ *Voyage au Tibet*

Dans son livre « *Shambhalla* », Nicolas Roerich décrit ce qui suit :

« *Quand nous approchions de Khotan, aussi, les sabots de nos chevaux sonnaient creux... Les gens de notre caravane attirèrent l'attention sur ce phénomène et dirent :*

"Entendez-vous que nous traversons un passage creux souterrain ? Ceux qui connaissent bien ces passages peuvent les emprunter pour atteindre des pays lointains...

Il y a longtemps un peuple vivait là, maintenant, les gens sont partis à l'intérieur, ils ont trouvé un passage vers le royaume souterrain. Ce n'est que rarement que l'un d'eux réapparaît sur Terre."

Je leur demandai si nous pourrions voir ces gens et ils répondirent :

"Oui, si vos pensées sont en harmonie avec ce peuple saint et si elles sont aussi élevées, parce que seuls les pécheurs sont sur la Terre et que les gens purs et courageux passent à quelque chose de plus beau."

En Sibérie, en Russie, en Lituanie et en Pologne, vous trouverez de nombreuses légendes et contes de Fées qui parlent des géants qui ont vécu dans ces pays mais qui, n'aimant pas les nouvelles coutumes, ont disparu par la suite.

Si, sans préjugés, vous marquez patiemment sur une mappemonde toutes les légendes et tous les contes de cette nature, vous serez surpris du résultat. Lorsque vous rassemblez les contes de Fées de tribus perdues et vivant à l'intérieur de la Terre, n'avez-vous pas devant les yeux, la carte géographique complète de toutes ces migrations ? »

Un peu plus loin, le vieux Gur (leur guide tibétain) parle des dieux de la vallée en ces termes :

« *Les dieux de la vallée vivent dans la prospérité. Ils ont beaucoup de propriétés et de terres. Sans leur sanction, personne ne peut abattre un arbre. Les dieux se rendent visite mutuellement. Bien des gens ont vu les dieux voyager. Quelquefois, ils volent, quelquefois ils marchent en faisant de grands sauts et en se propulsant sur des bâtons.* »

GÉNÉRALITÉS

Lorsque l'être humain dort, il arrive, la plupart du temps, qu'il soit inconscient des voyages et des rencontres qu'il fait lors des sorties hors de son corps physique.

Les entités de la Nature, les êtres élémentaires prennent alors un véritable amusement en voyant que l'Humain, agit et pense mais, n'en a pas la moindre conscience.

C'est, pour ce peuple des invisibles, intelligent et conscient des différents plans d'existence, un élément inconcevable que cette perte momentanée de conscience chez l'être humain.

Souvent, durant nos nuits, les petits êtres soufflent à l'oreille de l'endormi des paroles, pour qu'il devienne plus conscient de sa vie hors du corps physique. Ils voltigent autour du dormeur comme une nuée de moucherons et lui murmurent des conseils, dans le but de le voir développer sa conscience et s'éveiller aux réalités de mondes autres que physiques.

Il arrive parfois que des personnes se réveillent en pleine nuit et, dans cet état où le corps est encore assoupi mais où la conscience veille, entendent des voix qui parlent d'une manière extrêmement rapide et incompréhensible pour l'oreille d'un Humain.

Soyez sans inquiétude si cela vous arrive, car il s'agit bien là d'un contact avec le monde des petits êtres qui veulent contribuer au développement de votre conscience.

Ne vous effrayez pas et remerciez-les, avant de vous rendormir à nouveau, tout en leur demandant de rendre leur message plus audible à l'oreille humaine, car ils en sont tout à fait capables.

QUELS SONT CEUX QUI VOIENT CES ÊTRES AVEC FACILITÉ ?

Actuellement, comme je l'ai dit plus haut, tous les êtres de la Nature et tous les êtres des mondes subtils qui sont dans la lumière souhaitent une collaboration avec les Humains de la surface de la Terre.

L'être humain n'est pas aujourd'hui le plus éveillé et le plus intelligent de ces mondes subtils et physiques.

Il possède pourtant une particularité qui fait de lui un être à part : il possède cette capacité de choix qui fait défaut aux peuples des invisibles. C'est pour cette raison que les autres peuples souhaiteraient à présent que l'Humain s'éveille et contribue avec conscience et efficacité à la nouvelle Terre qui se met en place.

Dans ce moment présent, il est un fait qui est aussi une évidence, nous sommes peu capables de voir ou d'entrer en contact avec des mondes que nous nommons « invisibles », car notre mental y fait écran.

Pourtant, parmi les Humains, il en est qui ont développé la vision du cœur et c'est celle-là qui va permettre de voir et de rentrer en contact avec ces « autres mondes ».

• *LES ENFANTS*

Les enfants sont les mieux placés pour voir les êtres qui peuplent leur univers de contes de Fées et, si on ne leur répétait pas qu'ils sont dans l'illusion et qu'il leur faut garder les pieds sur terre, ils conserveraient avec facilité cette faculté de voir « le petit peuple des invisibles ».

Ce peuple n'est pas dévolu uniquement à l'aide des petits Humains mais il est vrai que certains d'entre eux ont pris cette mission et s'en acquittent avec beaucoup de facilité.

Je demanderai aux lecteurs et lectrices de retourner un peu dans leur enfance et de se remémorer les instants réguliers ou fugitifs où ils ont eu des contacts avec les Lutins et parfois avec les Fées ou avec les Gnomes.

Nous parlons davantage, en notre temps actuel, des Anges gardiens que de ce petit peuple que nous retrouvons trop souvent dans les librairies au rayon de la fantasmagorie et des contes pour enfants.

J'ai entendu de nombreux adultes me raconter avec nostalgie leurs rencontres avec des Lutins, des Fées ou des Gnomes, durant une partie de leur petite enfance, comme si cela faisait partie d'un passé à jamais révolu. Aujourd'hui cependant, chez les nouveaux enfants, nombreux sont ceux qui naissent avec cette connaissance en eux des mondes dits « invisibles » et qui ne manqueront pas de bousculer bien des idées reçues.

• *LES ÊTRES SENSITIFS*

D'autres, parmi les adultes, ont des capacités de clairvoyance ou de clair-audiance et sont ainsi capables de voir et d'entendre les messages de ce peuple. Nous avons cité ceux de la communauté de Findhorn qui, encore aujourd'hui, est la plus connue à ce sujet.

Sans doute existe-il parmi vous bien d'autres personnes qui sont entrées ou entrent encore en contact avec les êtres de la Nature. Un contact peut être entendu mais aussi il peut s'agir d'une perception subtile, d'une intuition. Ce qui importe, c'est l'harmonie et la paix qui se dégagent de nous et nous permettent, au moins dans ces instants-là, de capter une énergie qui peut grandement contribuer à notre compréhension de la Vie.

Il est grand temps de tenir compte de tous ces mondes qui nous traversent si nous ne voulons pas nous retrouver dans une impasse où la technologie et l'écologie seront bien incapables à elles seules de sauver la planète de sa destruction et de sa pollution.

• *LE PEUPLE ANIMAL*

Un autre peuple connaît bien le monde des Elfes, des Gnomes et des Salamandres ainsi que les grands Dévas : il s'agit du peuple animal.

Le monde animal, guidé par les Dévas, soigné par les Gnomes et les Fées, est en étroite relation avec le monde des « invisibles ».

J'aimerais ici vous donner l'exemple de ma chienne partie depuis quelques années vers son monde d'après-vie. Cette chienne avait une capacité de voir et d'entrer en contact avec les mondes subtils qui se révéla surprenante.

Dès qu'elle se trouvait en présence d'une personne qui allait capter un message, nous en étions avertis avant même que le message n'arrive. Sa façon de tournoyer dans la pièce nous avertissait qu'elle voyait les messagers arriver bien avant que nous ne soyons conscients de leur présence.

Il nous arrivait de temps à autre de la confier à des amis, lorsque nos voyages en avion ne lui permettaient pas de nous suivre. C'est ainsi qu'une amie, qui la gardait, nous raconta le fait suivant :

Vaïka, c'était son nom, demanda un soir à sortir d'une manière très pressante. L'amie lui ouvrit la porte et quel ne fut pas son étonnement lorsqu'elle vit notre chienne se diriger vers un endroit du jardin en remuant la queue comme pour accueillir quelqu'un, puis se dresser pour poser ses deux pattes avant dans le vide, mais sur un vide solide puisqu'elle put rester quelques instants dans cette position comme si ses pattes reposaient sur le corps d'une personne invisible.

L'amie en eut le souffle coupé et referma la porte comme pour se protéger, puis instantanément elle pensa : « Mais si c'est un être de l'invisible de toute façon, il passera à travers la porte... »

Elle ouvrit donc à nouveau cette porte, tandis que Vaïka reprenait tranquillement le chemin de la maison.

Tout était fini.

Une autre fois, et toujours avec Vaïka, nous étions chez des personnes qui elles aussi avaient un chien.

Les deux chiens étaient dans le jardin et tout se passait pour le mieux lorsque nous fûmes attirés par les aboiements intempestifs de notre chienne.

Une baie vitrée nous permettait de regarder ce qui se passait. C'est alors qu'un spectacle amusant se déroula sous nos yeux.

Vaïka aboyait mais nous ne distinguions rien de visible à l'horizon. C'est alors qu'en regardant différemment et plus attentivement, nous vîmes de petits êtres qui tournaient autour d'elle et s'amusaient à lui tirer des poils sur le dessus de la tête, ce que notre chienne n'appréciait pas du tout.

À côté d'elle, l'autre chien essayait vainement de voir quelque chose et, visiblement, il ne comprenait pas ce qui se passait car, tels les Humains, les animaux ne sont pas tous dotés du don de clairvoyance.

Nous nous gardâmes d'intervenir car il était naturel de laisser Vaïka négocier avec ces êtres sans qu'elle ait besoin de notre aide. Ce qu'elle fit d'ailleurs très bien.

OÙ SONT CES ÊTRES DES MONDES ÉTHÉRIQUES ? OÙ POUVONS NOUS LES RENCONTRER ?

Il est des Humains qui souhaitent ardemment rencontrer le « petit peuple » tandis que d'autres en ont peur et que certains encore en ignorent ou en refusent totalement la présence.

Comme l'air que nous respirons et dont nous ne pouvons nier l'existence, même si nous ne le voyons pas, comme les rayons qui nous traversent ou les ondes électromagnétiques, invisibles à nos cinq sens et qui cependant nous perturbent et influencent notre santé physique, « le petit peuple des invisibles » est partout.

Les uns peuvent être dans nos foyers, dans nos jardins et nos campagnes, ils peuvent se coller à nos machines ou à nous-mêmes, selon les énergies que nous émettons ou se garder de nous approcher.

Ils sont innombrables et il serait dommage de ne pas tenir compte de leur présence dans les activités qui les concernent en premier lieu et qui concernent la planète dans son ensemble.

Sans doute vous demandez-vous s'ils ont des lieux privilégiés et que faire pour favoriser leur présence ?

N'avez-vous jamais remarqué qu'autrefois, dans les campagnes et surtout dans les champs, il y avait toujours un endroit où un bosquet fait de quelques arbres et arbustes semblait ne jamais être touché ?

Un vieux paysan m'avait expliqué, il y a déjà de cela un bon nombre d'années, que le petit bosquet qui était dans son champ avait été planté par son arrière-grand-père pour les êtres de la Nature et que cette pratique favorisait la bonne croissance des cultures. Il l'appelait « arbres des Fées » et ajouta qu'il y avait toujours du sureau et de l'églantier parmi ces arbustes, et parfois un noisetier.

Il arrive parfois encore aujourd'hui de percevoir dans un champ un petit bosquet de ce genre et je sais alors que les Fées des champs vont veiller avec beaucoup d'attention sur les cultures de cet endroit.

Est-ce à dire que le petit peuple des invisibles a besoin d'être honoré pour travailler à la bonne marche de la Nature ?

Certainement pas et, reconnus ou non, ils font ce qu'ils ont à faire avec le même amour. Il est pourtant une évidence qui fait que lorsque nous portons attention à un être, à un élément ou à quoi que ce soit d'autre, nous lui donnons une énergie qui se répercute sur notre environnement.

Lorsque nous percevons les particules de prâna qui circulent dans l'air, cela ne leur donne pas plus de réalité dans l'absolu et elles existent et œuvrent avec ou sans nous. Cependant lorsque nous leur accordons de l'attention, elles prennent vie pour nous, dans notre sphère et sont alors plus actives car un lien s'établit entre elles et nous.

C'est le même principe lorsque nous croisons des individus que nous ne connaissons pas. C'est tout juste si nous les voyons et, à la limite, ils n'ont pas de réelle existence dans notre monde, même si dans l'absolu ils existent bien.

C'est donc cette rencontre entre les êtres de l'invisible et nous qui fait que quelque chose se passe du domaine de l'impalpable et pourtant bien réel. Une synergie qui fait que notre monde et le leur prennent alors une couleur différente… Une couleur qui pourrait bien ressembler à l'amour.

Lorsque vous vous promenez dans la Nature et que, par endroits, vous percevez un mélange entre le minéral et le végétal, il est alors fort probable que vous soyez proche d'habitations de petits êtres de la Nature. Ces combinaisons alchimiques qui font que la pierre accepte que l'arbre ou la mousse vive en symbiose avec elle sont des lieux privilégiés pour les êtres de la Nature. Souvent, en ces endroits, si vous vous arrêtez quelques minutes en silence, vous ressentirez une grande paix.

Les sources sacrées ou naturelles, les pierres moussues qui sont proches de ces eaux, sont aussi des endroits aimés par les êtres de l'Éther. Les arbres creux et les châtaigniers centenaires, les grands chênes et les arbres maîtres servent souvent d'habitations aux petits êtres. Les Gnomes, quant à eux, vivent de préférence sous des dolmens ou des menhirs, mais aussi sous des tertres et sous terre.

Tous évitent les endroits pollués, quel que soit le type de pollution : le bruit, la trop grande concentration d'Humains, la pollution de l'air, de l'eau, de la terre ou la pollution électrique ou magnétique et surtout la pollution due à nos pensées et formes-pensées les éloignent grandement.

• *LES ARBRES MAÎTRES*

« ... Lorsque vous aimez un hêtre, vous aimez en réalité tous les hêtres, vous entrez en contact avec l'ensemble de l'espèce. Bien que ce soit un spécimen particulier qui éveille cet amour en vous, il est incapable de reprendre en considération pour lui-même et ainsi, vous vous reliez automatiquement à l'esprit de cette espèce. Si le royaume des Humains pouvait développer cette qualité, ce serait la fin de la guerre, de la compétition et des conflits. » — Les jardins de Findhorn.

À la différence de nos sociétés qui élisent un chef sur des critères assez flous et surtout sur des promesses d'amélioration de leur futur sur le plan matériel, il existe, dans la Nature, des Maîtres qui sont reconnus pour leurs valeurs, non pas à un niveau physique mais spirituel.

L'arbre maître est relié à une entité spirituelle dont émanent une intelligence et une sagesse inégalées. Il est assez ancien pour avoir vu passer des générations d'humains, accompagnées de leurs conflits et de leurs espoirs.

C'est celui qui, dans un groupe d'arbres, se remarque par sa force bienfaisante, sa sagesse et son énergie rayonnante. Au niveau de l'aura, il prodigue une lumière qui peut prendre des nuances dorées et qui est bien plus vaste que celle des arbres qui l'entourent.

L'arbre maître contient une somme impressionnante d'informations sur tout ce qui se passe sur la planète Terre. Il communique avec les arbres maîtres du monde entier et informe les arbres qui l'entourent de tout ce qui se déroule dans l'univers et ce, sur tous les niveaux d'existence.

Chaque race d'arbres a ses arbres-guides et chaque groupe d'arbres a le sien.

Il permet à chaque espèce d'évoluer selon ses capacités, ses facultés et le rôle qu'elle doit jouer dans l'ensemble de la Nature.

Ces arbres ont une conscience individualisée et se passent des informations et des mémoires de génération en génération. La plupart gardent soigneusement en eux les données concernant les fins de civilisations dont nous avons nous-mêmes perdu la trace.

Leur énergie est guérissante, régénérante et, bien souvent, le peuple animal qui en a conscience va se rouler dans la terre qui l'entoure. Ils sont la demeure de petits êtres chargés de l'équilibre du lieu.

Chaque jardin a son arbre privilégié. Il est celui qui émet une aura de force et de douceur, l'arbre vers lequel nous aurons une attirance et sous lequel nous nous reposerons volontiers, celui aussi qui accueille nos peines et les transmute, celui que nous avons envie d'entourer de nos bras et qui nous régénère. Il est un point bienfaisant du lieu où l'on habite, lorsque nous sommes entourés de nature.

Les arbres des villes ou des parcs peuvent aussi prendre le relais et parfois, dans les appartements, une plante peut vous faire bénéficier de ce coin de nature indispensable aux Humains que nous sommes.

Il est aussi tout à fait possible de se relier par la pensée à des arbres que nous aimons ou que nous imaginons et de recevoir, par l'intermédiaire des plans subtils, l'énergie de ceux avec lesquels notre âme est entrée en contact.

Une méditation peut vous aider à rester un pont entre ciel et terre tout en gardant de profondes racines qui vont vous permettre de vous élever avec plus de solidité. Cette méditation, pratiquée autrefois par les thérapeutes esséniens, permet d'avoir de bonnes racines, quoi qu'il arrive, et de bénéficier de l'énergie de la Terre-mère, régénérante, chaleureuse et stabilisante*.

Voici les paroles d'un Amérindien tout à fait évocatrices sur la conscience de leur peuple à l'égard des entités et de la Nature qui les entourent :
http://www.syti.net/MessageIndiens.html

---

* Voir le CD « Formes-Pensées », disponible aux Éditions Sois.

« Saviez-vous que les arbres parlent ? Ils le font pourtant ! Ils se parlent entre eux et vous parleront si vous écoutez. L'ennui avec les Blancs, c'est qu'ils n'écoutent pas ! Ils n'ont jamais écouté les Indiens, aussi je suppose qu'ils n'écouteront pas non plus les autres voix de la Nature. Pourtant, les arbres m'ont beaucoup appris : tantôt sur le temps, tantôt sur les animaux, tantôt sur le Grand Esprit. »
— Tatanga Mani (Walking Buffalo), indien Stoney (Canada).

• *LES FOYERS ET LES MAISONS*

Il est aussi des foyers où les Gnomes des maisons et les Lutins aiment à rester. Il leur arrive d'adopter une famille, si les circonstances sont adéquates pour eux et si l'environnement naturel et humain leur convient.

Dans ce cas, ils sont prêts à collaborer pour aider ceux chez lesquels ils ont trouvé le gîte et le couvert. Est-ce à dire que ces êtres de l'invisible ont besoin de nourriture ? En fait, il leur en faut très peu car leur nourriture est subtile mais parfois, ils sont si proches de notre monde physique qu'ils en apprécient quelques douceurs.

Par exemple, le lait, le beurre, quelques brownies comme déjà évoqué plus haut, sont des gourmandises qu'ils aiment. La plupart du temps, cependant, tout ce petit monde se nourrit des restes éthériques des mets dont se sont nourris les Humains.

Il n'est pas rare, la nuit après un repas, de les voir s'attabler et manger les plats éthériques, semblables à ceux que nous avons nous-même avalés.

Il est donc extrêmement important de manger paisiblement et sereinement car ces êtres sont sensibles à toute forme de pollution de nos pensées. Celles-ci peuvent gâter toute nourriture sur les plans subtils et par conséquence, empoisonner le petit peuple qui se nourrit également directement de nos pensées.

En écrivant cela, je me remémore un excellent passage du film de « Peter Pan » où les enfants abandonnés se mettent à table et se régalent avec des mets qui sortent directement de leurs pensées et de leur imagination.

COMMENT ENTRER EN CONTACT AVEC LES ÊTRES DE LA NATURE ?

« Je n'ai pas de méthode facile pour vous apprendre à parler avec les Anges ou avec votre Soi profond en dix leçons ou en deux week-ends.

Dans les civilisations industrielles, les gens attendent et désirent des résultats immédiats, mais la vraie communication vient de notre propre être et de notre vie dans le Tout.

C'est plus quelque chose que nous devenons au cours de notre existence, que quelque chose que nous apprenons. Communiquer réellement avec les Anges requiert une approche globale de sa vie, des autres et de nous-mêmes. »
— La voix des Anges, Dorothy Maclean.

Que nous soyons conscients de sa présence ou non, « le peuple des invisibles » œuvrera selon sa nature et selon le programme qui est le sien.

Étant donné leur incompréhension de notre morale et de ce que nous considérons comme bon ou mauvais, il leur arrive, avec l'esprit facétieux qui est le leur, de s'adonner à des tours et à des plaisanteries souvent très agaçantes pour celui qui en est la victime. Ceci n'est pas fait par méchanceté mais ces entités s'amusent beaucoup de nous voir nous agiter quand tout semble aller mal autour de nous.

N'avez-vous pas remarqué combien les petits ennuis se succèdent certains jours, les uns à la suite des autres : vous vous levez en retard parce que votre réveil, pourtant vérifié la veille n'a pas sonné. Dans votre précipitation, vous vous entravez sur un objet qui traîne au sol et que vous n'aviez pas vu. Votre café, qui a attendu dans votre tasse, est froid et par-dessus tout, votre voiture a du mal à démarrer. Votre énervement est au plus haut, surtout lorsque vous dépassez la limite de vitesse et qu'un policier vous attend, juste là dans le virage, où d'habitude il n'y a âme qui vive, vous enlevant un point sur votre permis, tout en vous réclamant des espèces sonnantes et trébuchantes.

La journée va vraisemblablement se dérouler sur le même rythme et après avoir vu le regard réprobateur de votre collègue ou de votre patron, votre mauvaise humeur sera à son comble, excepté si vous décidez de faire une pause pour renverser la situation en votre faveur.

Pendant ce temps, sur des plans proches de vous mais encore invisibles à vos yeux, de petits farfadets sont en joie devant tout ce qui peut générer votre énervement auquel ils contribuent bien souvent.

Posés sur votre épaule ou vous susurrant à l'oreille des phrases qui vous énervent inconsciemment, ils activent ce qui les amuse tant chez l'Humain : la colère, l'énervement, les émotions perturbatrices, qui sont absentes de leur nature. Ils vont vous aider à glisser sur un objet quelconque, contribuer au démarrage difficile de votre voiture et à toutes les petites tracasseries qui surviendront par la suite dans la journée, car ils ont une capacité étonnante à se servir des formes-pensées qui émanent de l'Humain pour les rendre plus concrètes et tangibles dans le plan de la matière.

C'est un peu comme s'ils se servaient de la matière éthérique de nos pensées pesantes pour en faire un matériau actif dans leur monde et susceptible d'interagir dans notre monde physique.

Une pause vous permettra de vous recentrer, de lâcher prise sur ces situations désagréables et de reprendre pied, après une courte méditation qui illuminera votre aura et estompera les Formes-pensées en création.

Les êtres des plans éthériques les plus denses ne cherchent pas à nous nuire. Ils sont cependant soumis à des lois et œuvrent selon ce que les grands Dévas leur ont attribué comme fonction. Il est donc des lieux où il est toujours préférable d'attendre leur accord avant d'y pénétrer.

• *LA PORTE*

Si vous accordez un peu d'attention à ce qui vous arrive et que vous soyez un promeneur dans la campagne, il est des lieux privilégiés où vous percevrez très vite que vous entrez dans un espace sacré.

Dans tous les endroits que l'homme n'a pas encore soumis à ses lois matérialistes, dans les lieux où le béton n'est pas encore roi, plus souvent dans les lieux sauvages où la Nature est encore intacte, il est des portes que vous devez franchir avec respect.

Souvent ces portes sont perceptibles aux yeux physiques attentifs et peuvent se présenter à vous sous la forme d'un arbre dont les branchages forment une voûte accueillante délimitant un territoire.

La porte peut aussi être marquée par des rochers qui laissent une entrée visible ou tout ce qui pourrait vous donner cette sensation de franchir une limite entre deux royaumes.

Soyez simplement présents et vous percevrez un changement dans l'énergie d'un lieu à travers d'infimes signes plus ou moins marquants : un changement de couleur des feuillages, une arcade naturelle ou de vieilles pierres moussues, un arbre majestueux qui semble garder un chemin...

Vous pouvez pénétrer dans un lieu déjà connu comme sacré ou que vous sentirez sacré. Il peut s'agir d'un vortex d'énergie, d'un endroit fort où il s'est passé des événements importants, de lieux décrits dans les vieilles légendes... peu importe, il vous faut alors faire une pause de quelques minutes, là où vous sentez qu'il doit y avoir ce passage.

Au moment de cette pause, vous demanderez aux entités du lieu l'autorisation de pouvoir pénétrer dans l'espace dont ils sont à la fois les habitants et les gardiens. Vous le ferez aux quatre points cardinaux : au Nord, au Sud, à L'Est et à L'Ouest, également aux entités du zénith et du Nadir. Ensuite, écoutez. Quelquefois, vous percevrez un signe, un souffle léger, un tintement ou simplement, à l'intérieur de vous, vous saurez que l'autorisation de pénétrer dans le lieu sacré vient de vous être donnée.

Cela vous prendra parfois une minute ou deux, mais cet accord vous fera découvrir un monde très différent de celui que connaîtra un promeneur ignorant. Sur un plan physique ou subtil vous recevrez tous les bénéfices que les petits êtres ne manqueront pas de vous offrir dès le moment où ils accepteront de vous entrouvrir la porte de leur monde.

✦ *Expérience dans une sweat lodge amérindienne* :

« *Dans la hutte à sudation, l'Indien bourre la pipe sacrée et invite tous les esprits positifs et négatifs à entrer. Ils accourent, ils sont là, même si vos yeux ne peuvent les voir. Lorsque les prières sont terminées, la pipe est placée à l'extérieur sur le tertre sacré qui symbolise la lune. Puis l'Indien prend la sauge et du cèdre et les fait brûler. L'odeur de la sauge dérange fortement les êtres supranaturels qui détalent à toute vitesse. Lorsque la pipe est emplie et que la sauge a été brûlée, ne restent que des forces positives, tous les sentiments mauvais sont repoussés. La porte de la hutte se ferme et c'est l'esprit qui entre. Nous respirons et nous prions. Peut-être que certains ne parviennent pas à prier tout de suite mais à respirer le même air que les autres, ils finissent par s'ouvrir au sentiment de la prière et par prier.* » — Inipi le chant de la Terre, spiritualité traditionaliste Lakota, par Archie Fire Lame Deer.

Bien que n'étant pas de culture amérindienne, il m'est arrivé une expérience assez semblable lors de ma première sweat lodge : je suis là étouffant dans le fond du tipi, collée et transpirante contre mes voisins de droite et de gauche, loin de l'ouverture de la porte.
 La chaleur causée par l'eau jetée peu à peu sur les pierres chaudes fait largement office de sauna.
 Que suis-je venue faire dans cet endroit, en dehors d'y mourir lentement d'asphyxie ?
 Par chance, je n'ai pas l'occasion de me poser cette question bien longtemps. Les psalmodies envoûtantes, chantées par l'indienne Kahuna en laquelle j'ai toute confiance et qui préside à cette hutte, me bercent et calment peu à peu ma respiration.
 J'ai encore cette envie de fuir, ou tout au moins de trouver un petit trou dans le bas de la tente pour respirer... mais quelque chose en moi de plus fort m'intime presque l'ordre de rester... Je reste.
 Les mélopées continuent et je devine que l'Indienne les dédie aux ancêtres ainsi qu'aux entités des quatre points cardinaux.
 À chaque fois, elle ouvre la porte lorsqu'elle a terminé les chants sacrés qui correspondent à une direction : au Nord

en relation avec l'air – au Sud qui est lié à l'eau – à l'Est pour le feu – à l'Ouest pour la terre.

À ces instants, un peu d'air frais pénètre dans le tipi, pause bénéfique s'il en est. C'est alors que je commence à percevoir une myriade de petites entités qui, en même temps que l'air, arrivent et se dirigent vers tous les participants comme pour les aider à accoucher d'eux-mêmes. Ils sont là, petits êtres de l'invisible, posés sur l'épaule ou les genoux de ceux qu'ils ont choisi de protéger.

Ils parlent et murmurent à leurs oreilles des sons inaudibles pour moi, tandis que le petit être qui m'assiste change peu à peu de forme. Il est bleuté et fluide, et il ondule dans une danse qui m'hypnotise.

Je le sens, j'entends sa voix sans comprendre et, tandis que des mémoires remontent à la surface, je le vois entre deux scènes détisser dans l'Éther un écheveau emmêlé qui sort de mon chakra du cœur.

Les chants de la chamane continuent plus forts, plus intenses, et les êtres aux formes diverses font et défont dans la matière éthérique ce qui sort de chacun de nous. Ce qui vient de l'autre ne nous touche pas et chaque entité semble un thérapeute accoucheur de nos histoires de vie mal vécues.

La chaleur me semble moins intense, plus supportable. Je dirais même qu'elle est nécessaire à ce qui se passe là, en ce lieu et en cet instant.

Mon mental, encore une fois a accepté de lâcher et de laisser la place. Il a bien entendu résisté et c'est ce qui a fait ma difficulté de départ. Toute douleur toute peine est augmentée considérablement par la résistance de notre mental.

Pourquoi n'acceptons-nous pas plus vite l'initiation que notre vie nous propose continuellement ? Pourquoi et contre quoi luttons-nous si ce n'est contre nous-mêmes ?

Au moment où nous lâchons et où nous traversons la petite mort qui nous est proposée, nous pensons bien souvent et pour la plupart d'entre nous :

Pourquoi donc ne l'ai-je pas compris plus tôt ?

Pourquoi donc ai-je eu si peur de lâcher les bords de la piscine alors que je savais nager ?

Pourquoi donc ai-je mis si longtemps pour accepter cette épreuve initiatique si bénéfique après coup ?

En cet instant, alors que la chamane, les yeux fermés, entame un chant qui fait vibrer nos corps du plus dense au plus subtil, le tipi se transforme en un utérus où il est à nouveau possible de renaître à la vie grâce à des entités qui contribuent à ce que la renaissance se fasse.

• *OMRAAM MIKHAËL AIVANOV*

Ce maître qui a enseigné de par le monde à de nombreux disciples, sur des sujets très divers qui touchent à tous les niveaux de la Vie, connaissait lui aussi les êtres de la Nature. Il nous propose dans l'un de ses enseignements de les approcher ainsi :

« Dès que vous sortez d'une ville, la nature est là qui vous environne. Alors, où que vous alliez, dans les forêts, sur les montagnes, au bord des lacs ou des océans, si vous voulez vous manifester comme des enfants de Dieu qui aspirent à une vie plus subtile, plus lumineuse, vous devez vous montrer conscients de la présence des créatures éthériques qui les habitent. Approchez-vous d'elles avec respect et recueillement, commencez par les saluer, témoignez-leur votre amitié, votre amour. Ces créatures qui vous aperçoivent de loin sont tellement émerveillées de votre attitude qu'elles se préparent à déverser sur vous leurs bénédictions : la paix, la lumière, l'énergie pure. Vous vous sentez alors baignés, enveloppés par l'amour et l'émerveillement de ces êtres spirituels, et quand vous retournez vers les vallées, vers les villes, vous remportez avec vous toute cette richesse, mais aussi des révélations, des idées plus larges, plus vastes. »

Il dit aussi :
Vendredi 16 juillet 2010
« Vous entrez dans une forêt : tâchez de prendre conscience qu'une multitude de créatures sont là qui vont et viennent, occupées à différentes activités, et qu'elles vous voient. Essayez de vous mettre en relation avec elles, et même adressez-leur la parole pour leur montrer que vous appréciez leur travail. Approchez-vous d'un arbre, par exemple, et dites-lui : "Que tu es beau ! Que tu es puissant, résistant,

solide! Ah! si je pouvais avoir moi aussi ta résistance, ta solidité! Je te charge de dire à tous les autres arbres de la forêt qu'ils sont magnifiques, que je les aime ; salue chacun de ma part, transmets-leur mon baiser." Vous embrassez l'arbre, et alors, les entités qui l'habitent vont transmettre votre amour à toute la forêt. Ainsi, pendant que vous continuez à vous promener, les autres entités qui ont reçu votre message sortent des arbres pour vous regarder ; elles sont émerveillées, elles dansent sur votre passage. Et quand vous retournez chez vous, vous êtes heureux, vous sentez que vous avez goûté quelque chose de la vraie vie. »*

• LES ESSÉNIENS

Il y a deux mille de nos années, les Esséniens vivaient en harmonie avec la Nature et dans leurs enseignements, ils tenaient compte de la présence des Anges et des êtres des mondes éthériques.

Dans le livre : « *De Mémoire d'Essénien* » le passage suivant est très évocateur quant à la présence de ces êtres.

Le petit Simon, alors élève au mont Krmel se retrouve, avec un Frère qui lui sert de guide, dans les souterrains du monastère face à d'étranges créatures du monde éthérique :

« *Simon, nous allons affronter un danger… Cette porte nous sépare d'un domaine où le monde de l'homme n'a plus droit de cité.*

De nombreuses formes de vie évoluent sur cette planète et, de même qu'il existe des êtres impalpables dans l'air que tu respires, il en est au sein de la terre que nous foulons...
Vois cette porte, dès que nous en aurons franchi le seuil une myriade d'êtres étranges viendront nous entourer tentant peut-être de ralentir notre marche... mais si ton âme demeure pure, ils ne pourront rien contre toi. Sois semblable au cristal... »

Un peu plus loin, après avoir parcouru quelques mètres, Simon raconte :

« *Soudain mes membres se raidirent, des visages se dessinaient autour de moi, des visages inqualifiables, à demi humains, à demi minéraux, à la fois grimaçants et angéliques. Et voilà que des êtres entiers semblèrent surgir de la lumière noire, des êtres comme des cristaux, comme des racines, velus comme nul Humain ne saurait l'être, de petites créatures au geste vif et à l'œil acerbe qui me toisaient.*

En un instant, je me vis englobé dans cette foule d'un autre monde qui semblait avoir décidé de me servir d'escorte. »
"*Nous sommes adoptés Simon...*" ».

Le Frère continua :

« *... aime ces êtres car sans eux tu ne saurais vivre. Sans eux la graine de lin ne saurait germer ni la fleur s'épanouir. Ils sont une partie du corps vital de la Terre... regarde leurs longues mains semblables à de la glaise, le Père leur fait recueillir tout ce que l'homme sème, elles œuvrent de concert avec celles des êtres du Feu, de l'Eau, de l'Air...*

Il viendra pourtant un temps, Simon, où les hommes auront pétrifié leur cœur au point qu'ils n'en percevront plus les souffles. Les fruits du sol se feront alors insuffisants et les Humains inventeront une multitude de potions et de nouvelles terres. Ce sera un signe, un des nombreux signes qui clameront en silence : les jours vont changer.

Je te le dis, aime ces créatures car, comme tout ce qui est dans l'univers et par-delà les univers, le Sans Nom leur a donné une âme analogue à la tienne...»

Il nous a été donné une pratique, pour qu'aujourd'hui nous puissions à nouveau nous relier aux différents règnes de la Nature et à ceux qui y vivent. Cette consécration s'adresse à ceux qui ont un terrain.

• LA CONSÉCRATION DES TERRAINS

« Voici quelques indications promises afin de consacrer vos terrains respectifs. Cette consécration, vous le pressentez certainement, est particulièrement importante car elle achèvera de vous unir à l'harmonie de ces lieux. Vous allez pouvoir multiplier vos propres vibrations par les vibrations de la Grande Nature qui vous ouvre les bras. Aimez donc cette grande force qui va vous permettre de communier plus simplement avec toutes les énergies mises en place. Tout cela peut prendre des proportions bien plus vastes que

celles que vous imaginez, mais ne cherchez pas à percer les secrets des mécanismes mis en place. Ne le cherchez pas au-delà d'un certain point, vous érigeriez des barrières.

Chacun de vous pourra consacrer lui-même le lieu où il vit, l'espace-harmonie qu'il a tenté d'établir. Il n'y a pas lieu, vous le comprenez bien, d'être prêtre et missionné d'une quelconque façon.

Chaque être humain, chacun de vous peut-être à la fois prêtre et missionné à sa façon, s'il est constamment auréolé d'amour et épris de Lumière. C'est donc, Frères, aux êtres lumineux et amoureux qui sommeillent encore un peu en vous que nous adressons ces quelques conseils.

Le jour de la Lumière (le 13 décembre jour de la Ste Lucie), vous ferez silence en vous et à l'heure où le soleil se couche, vous vous rendrez au centre de votre terrain, quelle que soit sa taille. Vous planterez en son centre trois tiges de métal afin de dessiner un triangle aux côtés égaux, une pointe dirigée vers le Nord.

Cela accompli, vous disposerez autour de ce symbole quatre pierres afin de former un carré, puis enfin vous effectuerez en tournant une fois autour du motif ainsi esquissé, un cercle très régulier.

Tout cela est simple et même si cela vous paraît étrange, cette pratique n'a rien d'étrange, elle vous met rapidement en contact avec toutes les forces de votre planète, forces telluriques et cosmiques. Le triangle agira comme un récepteur au niveau des ondes d'amour trinitaires du Grand

Soleil ; en disposant chacune des quatre pierres du carré, vous demanderez l'aide, le souffle des quatre règnes de votre nature et enfin, en effectuant le cercle, vous ramenez tout cela à la grande Unité, vous mettez en marche le grand moteur unificateur.

Mais ne prenez pas ceci non plus comme une technique. La seule puissance qui pourra et devra entrer en jeu, ce sera votre qualité d'aimer.

Aimez les gestes que vous accomplirez, ne les accomplissez pas de façon routinière, mettez-y tout votre être. »

— Ce qu'ils m'ont dit, Daniel Meurois-Givaudan.

RISQUES A SIGNALER

À présent, j'aimerais aborder un chapitre qui me semble nécessaire afin de ne pas jouer les apprentis sorciers. Il y a des risques à rentrer en contact avec les êtres d'autres plans. Du moins avec certains d'entre eux.

Il n'est nullement question de bon ou de mauvais mais simplement de niveau vibratoire et de structure cellulaire.

Un être, quel qu'il soit, agit consciemment ou non sur son environnement par sa simple présence, de même que nous agissons sur la sienne.

Cela signifie qu'il peut, par sa propre structure, modifier la nôtre. Il en est ainsi des mondes éthériques qui ne vibrent pas exactement comme nos corps d'Humains de la surface de la Terre.

D'autre part, il est parfois difficile de comprendre des êtres qui n'ont rien en commun avec les critères qui sont les nôtres. Vous pourrez en juger par vous-mêmes lors des messages offerts aux Humains par certains d'entre eux.

Là encore, il n'est pas question de jugement de valeur : ni mieux ni plus mal, ni inférieur ni supérieur, ni bon ni mauvais.

Il s'agit d'autre chose de complètement différent et il nous est demandé d'être totalement sans a priori pour ne pas intervenir dans des domaines qui ne sont pas les nôtres.

• *LA FUITE*

Un élément me semble d'une grande importance si nous souhaitons entrer véritablement en contact avec ces êtres, et non avec des fantasmes que nous créons et entretenons : les livres d'images et les contes et légendes ont bercé l'enfance d'une partie des êtres humains. Le monde des Fées, des Gnomes et des Lutins, apaisait sans nul doute les moments douloureux de leur vie.

Lorsque la vie les malmène encore aujourd'hui, ils s'échappent dans un univers fantastique peuplé de bons Elfes et de mauvais sorciers bien souvent créés à leur image et selon leurs blessures. Il s'agit cependant de mondes illusoires auxquels contribuent volontiers les êtres qui peuplent l'Éther.

S'échapper ne permet cependant jamais de véritables contacts. Si nous voulons réellement entrer dans un monde qui n'est pas le nôtre, il est extrêmement important d'avoir de solides racines, c'est-à-dire de ne pas vouloir fuir la Terre en créant un monde intermédiaire qui n'a de réalité que pour nous.

Sinon, les dangers guettent le fuyant : celui d'être trompé, celui de vivre dans des univers illusoires qui n'ont que peu à voir avec la réalité fantastique de ces mondes, celui d'entrer en contact avec des êtres qui seront attirés par les pensées non maîtrisées de l'Humain.

Si nous acceptons d'être là où nous en sommes, alors nous pourrons entrer en contact avec des mondes fabuleux et avec des Êtres qui accepteront de nous en ouvrir les portes parce qu'ils verront en nous non pas une recherche d'illusion, mais un désir profond de marcher dans une même direction : celle de l'ouverture du cœur.

Parmi les autres dangers qui nous guettent lorsque nous entrons en contact avec les plans éthériques et les êtres qui les habitent, il en est un d'importance : l'ignorance.

• *L'IGNORANCE*

Il est des descriptions terrifiantes des êtres, des éléments qui pourraient occasionner chez le lecteur un rejet systématique ou la peur d'une rencontre.

Comme pour les êtres des autres planètes, les descriptions les plus fréquentes et celles qui impactent notre mémoire sont bien souvent celles qui concernent et décrivent les Reptiliens, les Gris et tous ceux qui enlèvent les Humains, inséminent leurs femmes et déchiquettent leur bétail, tout en usant de technologies destructrices avec les uns comme avec les autres.

Les films projettent des spectacles de machines géantes et d'insectes omnivores qui détruisent la Terre et ses habitants. Le tout créant ainsi une méfiance contre tout ce qui est étranger à la surface visible de la planète.

Dans le même état d'esprit, les êtres élémentaires sont parfois décrits comme les ennemis de l'homme et prêts à le précipiter la nuit dans des pièges monstrueux dont il ne peut sortir vivant.

Ils ressemblent aux sorcières de nos contes qui attendent le promeneur solitaire pour l'égarer, le torturer ou le tuer de diverses manières.

Même si ces êtres-là existent, il serait cependant judicieux de se poser la question, à savoir: à qui rapporte ce type de description qui maintient l'Humain dans la peur de l'étranger et de l'étrange et qui, bien souvent, lui fait nier ce qui n'est pas visible à ses cinq sens physiques?

Il est facile de gouverner ceux qui ont peur et qui se sentent seuls, isolés au milieu des univers. Il est facile de manipuler l'inconscient de ceux et de celles qui ne croient qu'en la matière, par peur ou par ignorance de ce qu'ils pourraient découvrir s'ils ouvraient leurs sens subtils.

Un peuple ignorant est un peuple soumis et manipulable. La connaissance et l'ouverture d'esprit permettent l'acquisition d'une certaine liberté, celle de penser par nous-mêmes.

Est-ce à dire qu'il n'y a pas d'êtres sombres et sournois dans les mondes autres que notre monde physique?

Tout comme à la surface de notre planète, il est des êtres en évolution. Ceux-là expérimentent la vie à travers ce qu'elle leur propose. Ni bons ni mauvais, ils suivent leurs instincts en dehors de toute notion de morale.

D'autres peuvent ne pas sentir d'attirance pour l'être humain, ne pas le comprendre, et préférer s'en tenir éloignés.

Ils font ce qu'ils sentent juste pour eux et qui ne l'est pas forcément pour nous, du moins en apparence. Il est essentiel cependant de ne pas oublier que toute création, que toute créature contient en elle une étincelle divine et que ceux qui, aujourd'hui, nous paraissent faire partie des êtres de l'ombre ont aussi une fonction : celle de nous faire faire des choix entre l'ombre et la lumière et celle de les unifier en nous, en cessant cette dualité, pour la transformer en une force d'Amour inégalée.

• *NATURE VIBRATOIRE*

Ceci étant, côtoyer des êtres qui ne vivent pas sur un plan identique au nôtre demande certaines précautions afin de ne pas en subir les inévitables réajustements, notamment avec ceux qui ont les corps les plus denses.

Dans « *De Mémoire d'Essénien* » le Frère du mont Krmel qui entraîne le jeune Simon dans les souterrains gardés par le peuple de la Terre lui conseille ce qui suit :

« ... *ne sens-tu pas comme ton corps vibre ? Ton cœur a ralenti ses pulsations et l'énergie du Père circule lentement en ton être. Pour ces raisons, tu ne chercheras point leur présence. Simplement tu sauras les reconnaître là où elles demeurent, les honorer et vivre en harmonie avec elles. Elles cheminent vers le même palais de Lumière que nous... par une voie différente, souviens-t'en. Elles n'ont ni la substance exacte de ton corps ni celle de ton âme. Seul ton être vital est proche d'elles. Tu ne chercheras donc point trop à analyser leur façon profonde de raisonner et de juger. Elle demeure impénétrable à qui a posé les pieds sur cette Terre.* »

Lorsque les entités les laissèrent seuls à l'entrée d'une pièce, fermée par une lourde porte, le frère s'exprima ainsi :

« *Ce n'est pas de la Magie, Simon... Il est nécessaire que tu apprennes à faire la différence. La magie n'est jamais qu'un ensemble de techniques permettant à tout homme solide et volontaire de dominer les lois de la Nature, les lois ignorées de beaucoup. Ici au Krmel nous travaillons avec le cœur et il n'y a que lui que nous laissions s'exprimer en nous... tout le reste a pour nom* « *trompe l'œil* » *et* "*support*" *pour nos âmes encore faibles.* »

• *LE CERCLE DES FÉES*

Il est des moments précis dans l'année où les êtres de la Nature, tels les Fées, dansent, tandis que leur danse devient visible au promeneur du soir qui s'aventure sans le savoir dans des lieux proches de l'Éther.

Le cercle des Fées en fait partie, car il peut attirer celui ou celle qui voyage seul, dans une clairière, un pré, une lande ou un tertre.

Souvent, lorsque la lune est pleine, la danse est propice et le visiteur humain qui assiste de loin à ce spectacle peut être aimanté par tant de grâce et de joie.

Cependant, si le malheureux se joint aux Fées ou aux Elfes, il dansera, certes en belle compagnie mais c'est dans ce qui arrivera ensuite que se situe le drame.

En effet, le temps, comme lors d'un voyage hors du corps n'a rien à voir avec le temps fictif et imposé de notre monde à trois dimensions.

Que se passe-t-il alors sur un plan concret ? :

Le promeneur, ravi d'une telle opportunité et pris par la nature enchanteresse des Fées, danse la nuit durant.

Cependant, lorsque la ronde s'achève et que le danseur humain s'assoupit, quelle n'est pas sa surprise, doublée de frayeur de ne plus rien reconnaître autour de lui.

Bien souvent, une centaine d'années sont passées et la famille du promeneur d'un soir est morte depuis bien longtemps. Il ne comprend plus rien de son époque et ne sait plus comment faire pour s'y adapter, tout en faisant l'étonnement de ceux qui le rencontrent. Il a changé d'époque et il semble bien que ce soit là, dans un contexte habituel, un inconvénient majeur.

Les cercles des Fées ont pour particularité d'être visibles à l'œil humain, sous forme d'un cercle parfait à l'herbe plus touffue, plus haute et où poussent à l'automne des champignons de vive couleur tandis que dans son centre poussent aussi des champignons d'une autre espèce qui, dit-on, servent de siège pour tout ce petit monde féérique.

• *QUESTION DE MORALE*

Lorsque vous êtes en rapport avec des êtres, qu'ils soient des Humains d'autres cultures ou d'autres religions, il est parfois bien difficile de se comprendre et ce qui fera office de trahison pour les uns sera simplement insignifiant pour d'autres.

Prenons l'exemple des Esséniens d'il y a deux mille de nos années : aucun engagement écrit n'avait lieu car dans leur façon d'être, un oui était un oui, un non était un non.

Cela signifiait qu'une parole donnée était d'une importance majeure alors que, pour d'autres peuples, sans signature de contrat, les paroles ne restaient que des accords de principe.

Dans les rencontres avec les êtres des autres planètes, les Gris sont réputés pour faire des promesses à tous ceux qui leur sont nécessaires pour accomplir leur plan. Ils ne font, en fait, que ce qui arrange leur race et la mission dont ils ont la charge. Pour eux, l'important ce n'est pas une parole donnée à des êtres pour lesquels ils ont peu de considération, mais l'accomplissement de l'objectif pour lequel ils sont venus sur Terre : l'asservissement d'une population et la survie de plusieurs races extraterrestres en perdition, dont la leur.

Combien de fois les peuples de la Terre ont-ils agi de même, ainsi que chacun de nous, individuellement !

L'Humain est ainsi fait qu'il ne supporte pas qu'on lui fasse ce qu'il fait facilement à d'autres ni qu'on le considère comme il considère les autres races.

Il est évident que pour certains êtres, que ce soit d'autres planètes, de la Terre Creuse, des mondes éthérique ou des mondes spirituels, le Terrien n'est pas systématiquement considéré comme l'élément le plus élevé et le plus intelligent de l'univers.

Les êtres des plans éthériques notamment, n'ont pas de morale au sens humain où nous l'entendons.

La notion de bien et de mal, de juste et d'injuste les habite très rarement. Certains sont bien au-delà de ces concepts, notamment dans les hautes sphères de lumière tandis que, dans les mondes éthériques, nos critères de juste et d'injuste sont totalement incompréhensibles.

Je mets donc cela au rang des dangers, dans la mesure où par manque de connaissance du fonctionnement de ces entités, il peut arriver des déconvenues à ceux qui entreraient en contact avec elles.

• *DANGER DE MAÎTRISER PLUTOT QUE D'AIMER*

Il est des pratiques de par le monde où des êtres et des peuples ont tout à fait conscience de la présence d'autres êtres et d'autres mondes.

Il y eut autrefois, dans des civilisations dont nous avons aujourd'hui perdu jusqu'à la trace, des connaissances extrêmement poussées sur les lois de la Nature et des êtres qui y président.

Cependant, lors du déclin de ces civilisations, ces connaissances furent utilisées à des fins de pouvoir et, loin de collaborer avec les forces des mondes subtils, l'Humain a commencé à vouloir les dominer, les asservir et les transformer en esclaves serviles ou en exécutants zélés.

Il n'était plus question de vivre en harmonie les uns avec les autres mais de trouver le moyen de mettre ces énergies au service de l'homme. Ce qui fut fait. Il était possible alors de saisir les matières éthériques d'une personne qui mourait et de l'attacher ainsi à un robot afin de le rendre mi-humain, mi-machine. Il manquait cependant une dimension qui précipita la chute de ces empires : l'Amour.

Aujourd'hui, des pans de mémoires ont été transmis oralement par les êtres qui les détenaient. C'est ainsi que cer-

Ce gnome a été photographié par Dominique Sorokine en 1998, dans une forêt du Nouveau-Brunswick, au Canada.

Photo de Michel Girardet.

Photo communiquée par une correspondante espagnole dont le nom nous est inconnu.

Profil christique sur la montagne.
Photo de Yann Beucher.

*Photo de Dominique Martin et Catherine Rayer.
D'autres clichés sont visibles sur : http://messagesdelanature.ek.la/*

*Photo de Dominique Martin et Catherine Rayer.
D'autres clichés sont visibles sur: http://messagesdelanature.ek.la/*

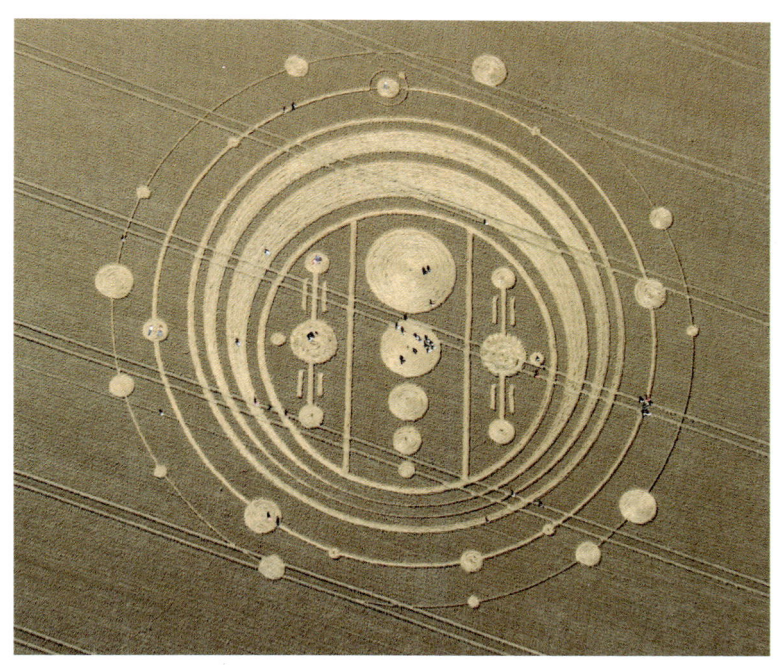

*Clichés de crop circles par le photographe Olivier Morel.
Olivier Morel publie ses travaux sur : http://wccsg.com/
Ces deux images correspondent aux crop circles
mentionnés par Anne Givaudan aux pages 170-172.*

La photo de l'orbe bleu sur le chakra du cœur
de Murielle Oudinet est d'Antoine Achram
(photo prise en fin de session de LASE 3B).

Cette photo d'orbes au Burkina Faso a été prise
par Baptiste Legros le 21 février 2011, lors de l'anniversaire
de ses 10 ans passés à Borodougou.

Ces deux images sont en rapport avec le texte de la page 31.

tains peuples ont retrouvé les secrets de la maîtrise des êtres des éléments. Ils savent comment les soumettre et ils se font ainsi reconnaître comme des Maîtres par eux. C'est là que réside un danger, qui n'est pas des moindres.

Il y a, certes, diverses sortes de chamanisme : certains chamans collaborent harmonieusement avec les êtres des mondes éthériques tandis que d'autres cherchent uniquement à les maîtriser.

Que cela signifie-t-il ?

Lorsque l'Humain a acquis le titre de sorcier ou de chaman, après bien des épreuves et des initiations, il est devenu maître de certains éléments de la Nature et des êtres qui les dirigent. Il peut faire appel à eux et il peut leur demander tout ce qui est de leur domaine. Ces derniers rempliront leur tache avec zèle.

Il y a pourtant un bémol à cette relation de pouvoir. En effet, dans la relation de maître à serviteur, garder la maîtrise est indispensable, faute de quoi, à la moindre faiblesse, celui qui ne sera plus reconnu pour maître perdra irrémédiablement son pouvoir et en subira de grands désagréments.

Il ne s'agit pas de rébellion ou de vengeance car ces notions n'habitent pas les êtres de l'Éther, mais simplement d'une loi naturelle qui fait que ce dont nous étions « maître » se retourne contre nous lorsque nous en perdons la maîtrise, car la relation entre deux êtres, établie sur le pouvoir, est très différente de celle dont la base est l'Amour.

Aujourd'hui, il m'arrive parfois de rencontrer des personnes qui sont poursuivies par des entités qui semblent ne pas vouloir les quitter.

La plupart du temps, il s'agit là d'êtres des mondes non visibles que ces personnes ont soumis, dans d'autres vies, par des pratiques magiques, à leur volonté et à leur pouvoir. Pour ces entités sans corps, qui sont différentes des êtres de la Nature dont nous parlions plus haut, la mort du corps physique de leur maître n'a aucune incidence et ils sont attachés à lui par les pratiques et les pactes établis autrefois.

Il est essentiel alors, et dans ces cas précis, que le maître d'autrefois élève sa conscience pour que ces entités puissent aussi en bénéficier et passer sur un plan plus élevé, ce qui libérera mutuellement le maître et l'esclave.

Je suis convaincue que la plupart des personnes proches des élémentaux pensent collaborer avec eux et non s'en servir. Cependant il est essentiel que les choses soient claires : il existe de nombreuses variantes qui nous relient aux entités des mondes subtils et notamment de la Nature.

• Rentrer en contact avec eux demande de l'attention et de l'amour.

• Les reconnaître ou avoir de l'estime pour eux peut se faire en toute conscience.

• Coopérer avec eux et leur demander de répondre à certaines de nos attentes demande une transparence et une pureté que peu sont à même d'offrir, même s'ils croient en être capables, en toute bonne foi.

Il est un texte édifiant à ce sujet que j'ai déjà mis sur d'autres supports mais qu'il me paraît important de vous redonner aujourd'hui, car nous sommes à nouveau à une époque charnière où nombreux sont ceux qui ont connu l'attraction, dans d'autres civilisations, pour le cristal.

✦ *La collaboration avec le cristal*

Voici un excellent texte Amérindien tiré du livre « *Sagesse Amérindienne* ».

Il est dans son essence proche de ce que les thérapeutes esséniens ressentaient dans l'approche du cristal :

« *De nos jours, il se dissémine beaucoup d'informations fausses, confuses et dangereuses à propos des cristaux et ces pierres sacrées sont mal utilisées par des gens qui n'ont pas transformé l'ignorance et l'avidité en action juste et généreuse.*

Dans notre tradition, les étudiants se préparent de façon très empressée et sur une longue période d'étude, de pratique, de formation de l'esprit et de purification avant de travailler avec les cristaux.

Il faut parfois vingt et un ans pour raffiner et renforcer le système nerveux dans un équilibre optimal avant de pouvoir manipuler le potentiel des cristaux de quartz.

Beaucoup de gens donnent maintenant des ateliers sur les cristaux et enseignent des pratiques dont ils ne comprennent pas vraiment la subtilité. C'est dangereux, car l'énergie des cristaux est aussi volatile que la bombe atomique et lorsqu'on travaille avec le cristal tout ce qui se passe dans l'esprit est amplifié.

Le mauvais usage de l'énergie du cristal peut être aussi destructeur pour les corps physiques et lumineux que l'usage des drogues. Une grande part de ces prétendus enseignements éclairés du cristal ont le pouvoir de tuer une personne.

Il est particulièrement dangereux de placer des cristaux sur les centres énergétiques de quelqu'un ou de s'asseoir à l'intérieur de certaines configurations de cristaux sans avoir établi la stabilité d'esprit et la pureté d'action. Ces jeux de cristaux affaiblissent le réseau éthérique du corps et activent les forces de pensée négative qui peuvent chercher à vivre et à agir à travers le corps.

L'énergie du cristal peut perturber le spin des électrons et la cohésion moléculaire de n'importe quelle forme.

Ce potentiel du cristal est plus grand que celui des plus grandes armes nucléaires actuellement en usage.

Le tort qui peut être infligé à son corps dans le présent affecte également les vies futures.

Chaque cristal relié à la terre entretient un contact avec le cœur de la Terre. De bien des façons, le cristal ressemble à l'œil de Dieu et rapporte au ciel et à la Terre les pensées et actions de l'humanité.

Pour toutes ces raisons, la lignée Ywahoo de la nation Tsalagi met l'accent sur le développement de la stabilité mentale, de l'esprit altruiste et de fortes relations communautaires, afin qu'on ne s'enfle pas la tête en pensant qu'on a un ascendant sur quoi que ce soit.

On cultive plutôt un esprit de bonnes relations et d'actions responsables.

Bien des gens, aujourd'hui, lisent sur les pratiques spirituelles amérindiennes et ont la chance d'y participer. Malheureusement, les gens se méprennent souvent sur le caractère direct et la simplicité de la pratique et de la cérémonie autochtone, croyant qu'ils peuvent eux-mêmes accomplir de telles cérémonies et pratiques.

Les rituels autochtones de la pipe et de l'abri de purification, le travail avec le cristal sacré, nombre de ces cérémonies et pratiques profondes sont destinées aux autochtones qui les pratiquent en relation avec les cycles sacrés de la Terre et des ciels qu'ils ont pour fonction d'entretenir.

De nos jours, les attraits extérieurs de ces mystères sont extrapolés dans des pratiques « nouvel âge » pour des rassemblements religieux et sociaux.

Ces activités ont des effets nocifs sur ceux qui y participent et aussi dénigrent et violent la sagesse des autochtones. Les enseignements présentés dans ce livre sont destinés à clarifier toutes les fausses conceptions qui peuvent exister à propos de la sagesse amérindienne, et surtout à rallumer le feu de la sagesse dans le cœur de tous les gens, afin que nous puissions répandre des semences de bien pour les sept générations à venir.

Ces enseignements sur les cristaux sont destinés particulièrement à libérer une partie de la souffrance provoquée par le mauvais usage du cristal. »

Dans la tradition essénienne, il nous était demandé de ne pas utiliser le cristal.

« Cette voie, mon enfant, disait mon enseignant d'autrefois, peut en tenter plus d'un parmi vous. Il est pourtant essentiel que je vous dise ceci : la civilisation du cristal était autrefois une civilisation d'un niveau technologique élevé... Cependant, les êtres qui la composaient refusèrent un jour de continuer leur croissance et ils durent à nouveau refaire tout le chemin.

Leur force est chargée de mémoires ainsi que d'une somme immense de capacités qui s'est accumulée depuis des milliards d'années.

Certains d'entre eux sont les annonciateurs de la race qui s'en vient.

Pourtant je ne peux te conseiller de travailler avec eux.

Ces initiés minéraux ont une force double et c'est ainsi que cette force peut prendre le pas sur la tienne et là où tu croiras soigner, c'est l'énergie du cristal qui prendra ta place de telle façon que, un jour sans t'en être aperçue, tu auras perdu tes propres capacités.

Je ne peux t'interdire de t'en servir mais cependant, prends le temps de méditer à ce sujet. Que veux-tu réellement ? C'est cette question que tu dois te poser.

Veux-tu être une âme sans baguette magique pour te permettre d'avancer ? Peux-tu compter sur ta propre force intérieure ? Et le veux-tu ?
On ne se sert pas du cristal, on lui demande sa collaboration. Mais pour cela, je te demande de devenir Cristal. »

Si vous chargez un cristal avec de belles énergies, il vous est alors possible de l'offrir à l'Eau ou à la Terre et cela pourra contribuer à sa dépollution physique comme psychique. Mais que ce ne soit jamais pour vous un outil de pouvoir.

• *LES RISQUES COURUS PAR CES ÊTRES A NOTRE CONTACT*

Il est un risque auquel nous ne pensons généralement pas puisqu'il ne nous concerne pas, mais touche les êtres des mondes invisibles qui nous approchent : c'est celui de la contamination.

Il ne s'agit pas bien sûr d'un virus ordinaire qui s'attraperait en traversant la barrière transgénétique de l'Humain au non Humain... pourtant il y a un peu de cela.

Il arrive que Gnomes, Fées, Lutins ou autres de ces êtres, soient attirés par des Humains ou souhaitent faire l'expérience de façons de vivre qui sont très différentes des leurs.

Les légendes racontent des histoires de Gnomes ou de Lutins ivres et grossiers, violents ou dangereux, et de Fées vengeresses et jalouses, mais personne ne raconte comment les émotions et les pensées humaines affectent grandement ceux d'entre ces petits êtres qui se sont trop approchés de notre race ou trop attardés dans un monde qui n'est pas le leur. Trop de proximité peut finalement réussir à modifier momentanément leur nature et à les rendre semblables aux pires des hommes.

MESSAGES :

• *LE LUTIN*

Je suis là, entre deux mondes, je ne sens plus mon corps physique, je ne peux ni parler ni bouger et pourtant j'ai les yeux grands ouverts sur ce monde proche du monde physique.
 C'est alors que j'entends la voix fine et aiguë d'un petit être de l'Éther. Il est là, je le sens mais je ne le vois pas encore. Je n'entends pas avec mes oreilles mais comme à mon habitude, lorsque je suis hors de mon corps physique, la voix résonne au centre de ma tête... Dans tous les plans subtils, mon seul moyen de communiquer a toujours été ainsi, par télépathie, ce qui facilite toute compréhension entre les êtres, quelles que soient leur origine et leur nature. Moi qui ne suis pas télépathe dans mon état incarné, j'apprécie grandement cette forme de langage qui contourne cette tour de Babel qu'est la communication entre les Humains, qui nous divise tant sur Terre.
 La voix se fait plus intense mais toujours aussi légère, ce qui est difficile à expliquer avec des mots humains :

« Écoute-moi, je sais que peu d'Humains ont l'habitude d'écouter... leurs pensées parasitent leur écoute et leur mental crée un voile. Mais toi, écoute-moi. »

Je trouve qu'il exagère mais il continue sur le même ton, sans se préoccuper de mes pensées :

« Je représente un groupe de ces petits êtres dont tu parles et je voudrais faire savoir aux Humains ceci :

Nous existons, même si vous ne nous voyez pas, même si vous ne nous entendez pas. Nous nous montrons rarement à votre race et vous devez vous demander pourquoi nous ne nous manifestons pas plus souvent à vous... Nous ne sommes pas intéressés par ce que vous portez, que ce soient vos habits ou vos parures. Cela nous est totalement indifférent. De même que votre physique, la forme de votre visage ou votre coiffure nous importent peu. Vous seuls vous trouvez beaux ou laids, mais nos critères sont tout à fait autres.

Nous ne nous montrons pas, parce que les lumières qui vous entourent ont une odeur qu'il nous est difficile de supporter. Lorsqu'elle pénètre en nous, elle nous éloigne de vous.

C'est pour cela que nous nous contentons d'apparaître à certains de vos enfants, ceux qui gardent en eux la mémoire des étoiles et des mondes d'où ils viennent. Ils sont de plus en plus nombreux, mais rapidement cette odeur les envahit, eux aussi, et nous éloigne très rapidement d'eux.

Nous sommes sensibles à vos pensées et à tout ce qui vient de vous, de votre être profond, sur un autre plan que votre plan physique. Nous sommes repoussés ou attirés vers vous, selon ce que nous percevons de vous et, pour le moment, même si nous le souhaitons, nous sommes tenus en retrait à cause de ces émanations qui se dégagent de vous et qui nous empoisonnent.

Cela peut vous paraître curieux mais il en est ainsi. Nous voulons que vous sachiez cela car ainsi nous pourrons communiquer plus facilement avec vous et contribuer à une nouvelle Terre, si vous connaissez les subtilités des plans qui la composent et des êtres qui y vivent.

Certains des nôtres, autrefois, se sont mis au service des Humains. Puis les temps sont venus où le peuple des hommes nous a rejetés et a refusé notre existence.

Alors, nous avons continué ce pour quoi nous avons été créés, sans plus nous occuper de votre race.

Aujourd'hui, pourtant, nous aimerions renouveler le pacte de collaboration avec vous.

Non que nous ayons besoin de vous ou que vous ayez besoin de nous, le terme de "besoin" n'est pas approprié ici mais il se passe sur Terre d'autres pactes dont vous ignorez la teneur. Nous n'avons pas d'avis à donner là dessus, mais si ces pactes se réalisaient, notre travail en serait grandement perturbé, ainsi que le vôtre.

Si nous nous unissons alors, tout pourra changer.

Dans votre époque, certains se penchent sur la Terre et les plantes qu'elle porte, sur les eaux et leur pollution, sur les trésors enfouis et les secrets des mondes engloutis, sur l'air et la survie de l'Humain, sur le feu et une énergie que vous appelez "libre".

Tous, vous cherchez des solutions sans tenir compte de notre peuple qui, sans relâche, agit dans tous les domaines qui font partie de votre vie.

Mes frères et sœurs des plans éthériques et ceux des plans plus élevés que le nôtre contribuent depuis toujours à la vie de la planète Terre, en accord avec ses différents éléments : le Feu, l'Air, la Terre et l'Eau.

Pourquoi donc nous refusez-vous ? Vous est-il plus évident de ne pas tenir compte de nous, alors qu'inlassablement nous œuvrons pour que vous puissiez manger et boire, respirer et vous chauffer ?

Croyez-vous encore que votre race soit la seule intelligence à la surface de la Terre ? Quels sont les rouages qui vous empêchent de connaître notre présence ?

Vous ne pourrez trouver de solution véritable si vous ne tenez pas compte des êtres et des mondes qui vous entourent. Pour cela, il faut que vous ouvriez une porte, celle des mondes non visibles à vos yeux physiques. »

Je vois enfin le petit être. Il est là posé sur le rebord de mon lit et j'essaie tout doucement de bouger, craignant qu'il ne parte. Mais non, il me regarde et me sourit l'air facétieux et joyeux.

Il ajoute simplement :

« Je ne veux pas choquer le peuple humain mais nos peuples ne peuvent plus œuvrer comme ils le faisaient auparavant. Il y a un enjeu qui est immense et que vous ne percevez pas dans sa totalité. D'autres que moi t'en parleront. Dis simplement aux Humains que l'amour et la joie sont des clés qu'ils pensent connaître mais dont ils ne font que percevoir la superficie. C'est cette joie et ce jeu que nous pouvons vous apporter si vous le voulez et vous verrez combien ce qui vous semble encore être votre fardeau en sera considérablement allégé. »

C'est alors que mon interlocuteur me regarde à nouveau, mais cette fois avec plus d'intensité et dans ses yeux transparaît une qualité d'amour que je n'avais pas encore perçue...

« Viens, suis moi, le moment est venu... »

Je n'ai pas le temps de me demander comment je vais faire pour le suivre que, déjà, il a posé une main légère sur mon bras.

Je sens un phénomène bien connu de moi depuis de nombreuses années, ce déclic qui fait que je quitte mon enveloppe physique pour me rendre sur des plans qui ne la concernent pas vraiment.

Je suis là, dans le vide, dans le rien où je flotte, puis, prise par un tourbillon de lumière vive et enveloppante, je me laisse emporter en toute confiance. Je sais, ou du moins une partie de moi sait que je ne risque rien à suivre la petite entité qui veut me montrer ce que je ne perçois pas encore. L'allure s'accélère et me donne une étrange sensation de poussée vers le haut... puis un calme inhabituel m'entoure, un silence tangible qui m'indique que le voyage touche à son but. Pourtant, je ne vois personne, ni le Lutin, ni qui que ce soit d'autre. Où est-il ? Tout à mon interrogation, je perçois tout à coup une terre. Je suis là sur un sol couvert d'une herbe tendre, la végétation est splendide, d'une densité, d'une beauté inégalées.

« Mais où sommes-nous ? Est-ce là un plan de l'Astral aux merveilles naturelles ? Est-ce le monde des êtres de l'invisible ? Je croyais pourtant qu'il était proche du nôtre... où sommes-nous donc ? »

Et tandis que mes questions résonnent en moi comme un leitmotiv, je perçois des lumières qui s'approchent de moi. Une quantité de petites lucioles dansantes et lumineuses s'il en est. Elles m'entourent puis pénètrent en moi et ressortent comme pour me visiter ou s'assurer de quelque chose d'important.

Je perçois enfin mon petit guide sur la branche d'un arbre en fleurs, genre pommier du japon, tout à côté de moi. Il rit et son rire cristallin m'habite et me rassure, il se répand autour de moi en onde bienfaisante, propice à dénouer toutes les interrogations que mon mental ne manque pas de mettre en place.

Je perçois mieux les petites lucioles, si proches à présent que je peux en voir les silhouettes lumineuses, mais cette lumière est si intense que leur visage ne peut m'apparaître distinctement. Ces petits êtres ailés sont semblables à la Fée clochette et eux aussi sont porteurs de joie et d'Amour.

Une voix se glisse en moi, légère comme le souffle d'un éclat de rire. C'est celle de mon petit ami qui répond à mes interrogations silencieuses comme s'il lisait dans mon âme, tel un livre ouvert.

« Tu es dans le futur de la planète Terre. Un futur où la Nature pourrait déployer son essence et où nous continuerions ce pour quoi nous avons été créés.

– Comment puis-je être dans ce futur hypothétique d'un monde qui est aujourd'hui en perdition et qui ne tient compte d'aucun critère autre que ceux de la consommation et de l'exploitation ? » dis-je un peu surprise et cherchant de sa part une réponse plus précise.

« Ce que tu sembles oublier, et que l'ensemble des êtres humains ne voit pas encore, c'est qu'une révolution planétaire est en marche.

Elle surgira du jour au lendemain, de vous-même et des enfants qui viennent sur cette Terre que vous habitez, avec des objectifs complètement inconnus de la majorité des Humains actuels.

Sur les plans subtils, avant leur arrivée sur Terre et dans leurs familles, nous avons de nombreux contacts avec les nouvelles entités qui s'incarnent. La plupart n'auront aucun doute sur notre existence et parmi eux, certains vont œuvrer à nos côtés dans tout ce qui touche à la Nature et aux quatre éléments.

– Alors est-il utile de se préoccuper de l'avenir de la planète si tout est déjà joué ? »

C'est alors que les petites Fées-lumières font entendre dans un ensemble cohérent et précis des sons audibles par le centre de mon être :

« Vous créez quotidiennement votre réalité et ce que tu vois est un futur probable, mais ne tiens rien pour acquis. Tout dépend de ce que vous voudrez vraiment, pas simplement avec vos mots qui trompent et se trompent eux-mêmes, mais avec la partie de vous la plus élevée, celle qui peu à peu retire les voiles de l'ignorance et redécouvre son immense potentiel. »

Je regarde autour de moi, le paysage a changé et ce que je perçois n'est que beauté et harmonie : des cascades coulent dans des vasques d'eau claire tandis que des papillons géants aux multiples couleurs survolent une végétation vivante. Au loin, je perçois des habitations rondes aux toits translucides et j'imagine que des Humains doivent vivre là.

Est-ce là ma création ou une création collective ou encore la Terre du futur ?...

Sans doute un peu de tout cela, mais je n'ai guère le temps de répondre à cette question, car une présence que je n'avais pas remarquée jusqu'alors attire mon attention : un homme ridé, haut comme un enfant de quatre ans environ, les jambes torses et un bonnet pointu sur sa tête poilue se tient là près de moi et me regarde avec attention. Il n'a rien d'androgyne et, sans qu'il ait besoin de se présenter, je pressens qu'il est un représentant masculin du monde des Gnomes.

• *LE GNOME*

Il ressemble tout à fait aux Gnomes de nos contes de Fées et à celui que j'ai rencontré un jour assis sur une borne au bord d'une route de campagne au Québec.

« Je suis, moi aussi, un messager de mon peuple et je voulais dire ceci aux Humains : lorsque certains d'entre vous nous perçoivent, c'est parce que nous le voulons bien. La forme sous laquelle nous nous présentons le plus souvent est celle qui est dans l'égrégore créé par vos pensées et l'idée que vous vous faites de nous. Nous pouvons être sans forme mais il est d'autres êtres, parmi nous, qui sont moins denses que nous ne le sommes.

Nous sommes sans doute les plus matériels de notre monde et c'est pour cela aussi que nous entrons plus facilement en contact avec vous, les Humains de la surface de la Terre.

Parmi nous, il en est qui ne souhaitent pas vous approcher. Ils ont entendu des histoires courir sur votre façon d'être et cela les effraie. Il en est d'autres de notre peuple qui sont proches de vous. Ils vous aident, sans attente, lorsque ce sont eux qui ont pris cette décision. Soyez cependant avertis : si c'est vous qui leur demandez de l'aide et qu'ils vous l'accordent, ceux de mon peuple demanderont une contrepartie soit sous forme de nourriture physique, soit sous forme d'attention. Cependant, pour que votre nourriture ne nous soit pas nuisible, il vous faut l'entourer de pensées qui soient pures.

Cela vous étonne sans doute, mais lorsque nous nous rapprochons du peuple des hommes, nous en retirons une certaine densité qui fait que nous sommes plus sensibles aux aliments physiques et à votre pollution. Nous n'avons pas les mêmes protections que vous.

Nous sommes tous, dans notre peuple, en relation avec ceux qui vivent dans ce que vous appelez parfois "la Terre Creuse".

Là, nous puisons de l'énergie, des enseignements bénéfiques pour nous et pour la Terre et parfois des missions à remplir dont nous nous acquittons, avec toute l'énergie qui est la nôtre.

Je vais à présent te parler du travail de certains d'entre nous afin que le peuple de la surface de la Terre nous connaisse mieux. Comme tous ceux de notre race, nous sommes en relation avec l'élément Terre. C'est cet élément solide et dense, ainsi que vos croyances, qui nous donnent cette apparence de personnage vieux et ridé, tandis que notre caractère vous semble grincheux selon vos critères et vos jugements. Nos femmes sont différentes car elles puisent dans l'élément terre la rondeur et la vitalité. Ces particularités nous sont données dès notre création. Nous vieillissons mais nous vivons des centaines de vos années.

Notre fonction est de nous occuper de la terre. Sans nous, vous ne verriez pas la pousse des plantes et des arbres car il est de notre devoir de garder les racines en bon état et de veiller à leur croissance.

Nous aidons à transformer en énergie vitale ce que les racines absorbent dans la terre.

D'autres, parmi les nôtres, connaissent parfaitement les veines qui courent sous la terre. Ce sont eux qui indiquent aux chercheurs les veines de charbon, d'or ou de diamant et qui accompagnent et guident les mineurs dans leur travail. Mais lorsque cela n'est pas le moment, ils en sont aussi les farouches gardiens.

Nous avons pour travail de garder les trésors enfouis sous terre, que ce soient des trésors physiques ou spirituels, que ce soient des documents sacrés relatant des civilisations disparues, que ce soient des trésors gardés à l'intérieur de grottes pour une cause ultérieure non encore révélée, que ce soient des précieux minéraux ou encore des pyramides de cristal mises un jour en place par les tiens pour soigner les veines de la Terre.»

Je ne peux m'empêcher de l'interrompre :

« Comment connais-tu les miens et l'action des pyramides mises en place autrefois ?

– Tout est inscrit en toi depuis que le monde est monde et il nous est facile de lire en chaque être humain ou non humain ce qui importe pour entrer en communication avec lui.»

Il poursuit, imperturbable :

« Ceux des nôtres qui occupent cette fonction ont pour ordre de ne laisser passer que les âmes aussi pures que le plus pur des cristaux. Ils prennent une apparence effrayante et, si l'un des Humains enfreint la loi et viole les lieux sacrés et gardés, il s'ensuivra de terribles accidents ou des morts qui passeront pour des morts violentes.

Pourtant, il n'y a aucune méchanceté dans ces faits, comme vous pourriez le penser et le croire. Nous sommes dépourvus dans notre nature de cette colère qui pourrait vous faire agir par haine ou par désespoir...

Nous sommes simplement programmés pour ne pas laisser passer, lorsque le moment n'est pas venu, des êtres qui pourraient mettre en danger la planète. Nous savons que le véhicule physique seul meurt, et c'est ainsi que nous agissons. Nous ne voulons pas vous tuer, c'est vous qui, par votre inconscience, vous mettez dans des situations mortelles.

Nous n'avons aucune arme pour vous faire mourir mais si vos énergies sont trop sombres, elles rencontreront celles des gardiens de la Terre et cette rencontre aura des répercussions destructrices pour vos corps physiques.

Si les gardiens de la Terre se montraient à vous il est probable que vous les trouveriez très laids, selon vos critères. Il n'en est pourtant pas ainsi et leur âme est belle à qui sait la voir au-delà des apparences. Ils sont droits et exigeants sur la qualité de ceux qui traversent les territoires dont ils ont la garde.

Avez-vous un instant pensé combien vos doigts et les longs traits lumineux ou sombres qui en émanent effraient plus d'un être, que ce soit du monde animal ou du monde végétal ? Ils sont perçus comme des pieuvres aux nombreux tentacules et, selon la lumière qui s'en dégage, ils peuvent devenir de terrifiantes armes, ou des ondes bénéfiques.

Je voulais ajouter qu'actuellement, il est un pacte, fait entre des êtres dont vous n'avez pas même idée, de la Terre et d'ailleurs, qui souhaitent éradiquer de la surface de la Terre certaines plantes. Toutes les plantes, même celles que vous dites "inutiles" ont leur fonction, mais il en est dont la fonction principale est de collaborer à la guérison de l'âme et du corps. Certains de vos Humains et des êtres non humains souhaitent couper le peuple humain de cette force. Soyez vigilants car si ces plantes disparaissent, de grands maux ne pourront être soignés et vos souffrances seront grandes.

Nous sommes les aides qui permettent la croissance de ces plantes, soyez en conscients pour que vous puissiez nous entendre lorsque nous vous conseillons dans vos jardins et sur vos terres, pour que le plus beau et le meilleur poussent sur la Terre. Nous ne voulons pas que perdurent des races qui n'ont plus lieu d'être et nous savons que la forme change selon les nécessités d'une époque, mais ce qui se passe actuellement n'est pas une extinction naturelle et vous devez en prendre conscience.

Lorsque vous nous empoisonnez avec vos produits chimiques, notre action est considérablement ralentie. »

Là encore, je ne peux m'empêcher cette question :

« Vous êtes sensibles à des produits qui ne sont que physiques alors que vous ne faites pas complètement partie du monde physique ?

– C'est exact et cela doit te paraître étonnant, cependant une grande partie de vos produits chimiques ne touche pas uniquement le physique des plantes de la Nature mais aussi leur structure cellulaire profonde. Elles peuvent ainsi entraîner une modification profonde ayant des répercussions sur tous les êtres y compris les êtres humains et le peuple animal qui se sert et se nourrit de ces plantes modifiées.

Pour la plupart, vous ne nous connaissez pas, mais ceux qui se veulent les maîtres de la Terre nous connaissent. Ils aiment à vous laisser dans l'ignorance de notre présence et ainsi, vous vous épuiserez en recherches pour sauver la planète sans savoir que nous sommes là pour vous aider.

Vous pourriez, avec nous, faire que sur Terre et dans les endroits les plus arides, il y ait des plantes, des arbres aussi beaux que sur les terrains les plus fertiles. Vous pourriez être nourris malgré les manipulations de vos climats qui peuvent entraîner inondations, désertifications et par répercussion, des famines.

Nous attendons simplement votre accord. »

Le Gnome est là près de moi. Il ne paraît pas affecté par tout ce qu'il vient de me dire, tandis que, pensive, je me dis que la vie serait tellement simple si le mental et l'ignorance des Humains ne la compliquaient pas. Il semble acquiescer ces paroles non exprimées et me regarde. Il ajoute :

« Nous ne souhaitons pas que les Humains viennent dans nos plans d'existence ni ne souhaitons venir constamment dans les leurs. Chacun a une fonction et un mode de vibrations qui lui est propre et qui pourrait être nuisible à l'autre sur un plan d'énergie pure. Nous n'habitons pas des plans de grande lumière qui régénèrent l'Humain mais notre fonction est essentielle et nous pouvons cohabiter et œuvrer consciemment ensemble. C'est un des objectifs de ces messages que nous te demandons de transmettre. »

Le petit homme, loin d'être grognon me sourit. Il est semblable aux nains des jardineries, sans doute est-ce encore là un effet de ce que mon mental imagine des Gnomes. Je vois et je sais qu'il a lu dans mes pensées et il rit. Je le regarde tandis qu'il continue, sur le même ton neutre :

« Penses-tu que la fonction d'un être humain soit simplement de travailler, de se nourrir, d'exploiter ce qui semble à son service et de mourir ? »

Je reste perplexe. Bien entendu, je sais que nous ne sommes pas sur Terre pour ce qu'il vient d'évoquer mais je suis émerveillée devant la pertinence des paroles des représentants de ce « peuple des invisibles » nous concernant.

« Si nous sommes près de toi aujourd'hui, c'est que nous répondons à un appel commun de part et d'autre. Nous contactons d'autres êtres qui comme toi, ont cette faculté d'entrer en contact avec les mondes non physiques.

Dans le monde qui est pour l'instant aussi le tien, il est de plus en plus d'êtres sensibles à notre contact. Je ne parle pas des Humains qui fuient dans les "contes de Fées" et nous rendent parfois risibles aux yeux des hommes de la Terre. Il est cependant et sous différentes formes un courant qui se met en place. Ne le négligez pas. Il prépare la Terre du futur que tous nous contribuons à construire. »

Je reste assise dans le pré verdoyant, apaisée par ce que je viens d'entendre. L'arbre en fleurs penche avec douceur une de ses branches vers moi, pareil à un souffle gracile et porteur de joie.

Tout autour de moi vit une vie autonome et chaque brin d'herbe semble respirer et vivre intensément comme jamais je n'aurais pu le voir de mes yeux physiques.

Que la Nature soit vivante est un concept connu de ceux qui l'aiment. Cependant, toucher cette réalité, voir chaque cellule de chaque pousse, vivre de façon à la fois libre et reliée au tout, sentir la conscience dans chaque fleur ou chaque arbre, me touche intensément et irrémédiablement, même si cette expérience a été plusieurs fois mienne lors de mes sorties hors du corps. C'est une joie toujours renouvelée que de sentir cette communion tangible entre la Nature et moi.

« Viens… » me dit le petit être qui m'accompagne depuis le début de cette expérience. « Appelle-moi, Tuck, ajoute-t-il d'un air malicieux, ce sera plus simple pour toi. »

Une nouvelle fois, je quitte le paysage merveilleux qui m'accueille. Pas de spirale, simplement un vertige qui me fait balancer et me donne une légère nausée. J'ai à peine le temps de percevoir au milieu d'un champ de blé un bosquet d'arbres sur un petit tertre. Le paysage ressemble bien à l'un de ceux de notre monde physique et, tandis que mon corps subtil se dirige, guidé par une main invisible, vers le bosquet, j'entends la voix de Tuck, mélange de finesse et de force :

« Ne résiste pas, laisse venir... accepte... »

Ce dernier mot m'interpelle, que dois-je donc accepter ?

Aucune réponse, je suis seule mais, très vite, je me sens à l'intérieur de l'arbre principal du bosquet, un acacia rouge, je le sais, je le sens sans pouvoir dire pourquoi ni comment.

Je suis moi, je reconnais mon Soi, tandis qu'en même temps, je suis l'arbre, ses racines, son tronc, ses branches. Je ne fais plus qu'un avec lui mais, curieusement, je suis aussi ce Gnome que je vois à l'intérieur du tertre sur lequel pousse ce bosquet.

J'ai la sensation d'être multidimensionnelle et de faire un avec tout ce qui m'entoure, sans perdre toutefois conscience de mon Soi. Étrange sensation qui donne un vertige existentiel à nul autre semblable.

À présent, je suis racine et je puise l'énergie de la terre. Pourtant, quelque chose comme un courant d'énergie grise me traverse par moments et ralentit le flux de la vie en moi.

Je suis les branches de l'acacia et je puise dans l'énergie bienfaisante de l'air, la nourriture dont j'ai besoin mais là aussi, par moments, un flux d'énergie glacée me parcourt et ralentit l'absorption de ma nourriture céleste. Que se passe-t-il, que je ne peux encore percevoir ou comprendre ?

Je suis l'arbre dans son entier, et en même temps je peux entendre la circulation de la sève dans mon tronc, j'ai une circulation comme dans un corps humain, et j'entends les pulsations de quelque chose qui pourrait me faire penser à un cœur.

Tout à coup, je ne suis plus seule, un être lumineux et mouvant me contacte et je l'entends :

« Je suis *l'Esprit de la race des Acacias*. Tout ce qui arrive à l'un de ces arbres, se répercute sur tous ceux de sa race et les informations que véhicule l'un d'eux sont connues par tous. Lorsqu'un acacia est ancien, il connaît les mondes du passé et son savoir est grand. Il est aussi une mémoire et, si les Humains communiquaient avec l'un d'eux, ils apprendraient plus sur la race des hommes que ne leur racontent leurs livres à ce sujet.

La mort ne nous effraie pas. Nous n'avons pas de jugement envers qui que ce soit. Le juste et l'injuste de votre morale ne nous concernent pas. Nous accomplissons ce pour quoi nous sommes là et nous vivons comme vous, sur plusieurs plans. La différence entre nous et vous est que nous, nous le savons et nous en sommes entièrement conscients.

Certains d'entre nous, parmi les races des arbres, ont des fonctions bien précises : d'apaiser, de dynamiser, de protéger, d'emmagasiner...

Les arbres maîtres sont des guides pour leur espèce mais aussi pour la race des hommes. Si vous nous écoutiez, vous pourriez apprendre beaucoup, sur vous et sur nous mais aussi, sur tout ce qui vous environne. Par notre intermédiaire, vous pourriez communiquer entre vous d'un bout à l'autre de la Terre, mais aussi avec les autres mondes auxquels nous sommes reliés par essence.

Nous sommes les gardiens de la mémoire de votre passé mais aussi du passé des mondes d'avant et d'après. Nous sommes en relation avec les habitants du centre de la Terre mais aussi avec les étoiles et les galaxies. Nous vivons sur des plans que vous ignorez pour la plupart, dans votre futur hypothétique et nous y transposons tout ce que l'Humain imagine de plus beau pour la Nature.

Si nous ne craignons pas de disparaître, c'est parce que nous savons qu'il n'y a pas de mort, vous seuls le pensez encore. La Nature ne meurt pas, elle se transforme et une forme peut s'éteindre si elle n'a plus de raison d'exister à l'image de ce qui se passe pour vos corps physiques mais qui vous affecte tant. »

Le flot de parole s'interrompt tandis que je sens encore en moi l'énergie puissante et régénérante de l'Esprit de l'arbre. Un instant de bonheur puis tout à coup, et sans autre transition, je suis dans un vêtement qui m'est inconnu et que je découvre. Je regarde mes bras et mes mains, mes pieds et j'éclate de rire. Je suis le Gnome qui s'affaire sous terre auprès des racines. Je suis le Gnome et je suis moi. Je m'approche avec amour de ces racines à qui je prodigue des soins, je les caresse, je leur envoie de la lumière depuis mes mains lorsque sans crier gare, je me sens interpellée par un élément étranger au lieu, qui me perturbe dans le travail que je suis en train de faire.

Je redresse mes oreilles qui sont capables de se tourner dans n'importe quelle direction. J'entends des pas lourds qui s'approchent tandis que des voix rauques et fortes résonnent autour de moi.

Que se passe-t-il ? Je perçois et je comprends : mes yeux voient au-delà du tertre et des racines, comme à travers une vitre. Je vois des hommes, au nombre de quatre, qui s'approchent du bosquet avec des chiens à leurs côtés. Leurs pas sont lourds et font résonner le sol, mais le son émis n'a rien d'harmonieux. Ils ont des fusils. Les chiens pourraient sentir ma présence mais sont trop occupés à flairer un hypothétique gibier.

Je ne me sens pas bien et j'ai brusquement une nausée. Je m'interroge à nouveau : qui ou quelle matière pourrait toucher mes corps subtils ? ou du moins celui de moi en Gnome ou du Gnome en moi ? Que se passe-t-il donc que je n'arrive pas à comprendre ?

Le Gnome que je suis essaie en vain de respirer. Une odeur nauséabonde arrive par effluves jusqu'à moi. On dirait du vomi ou une poubelle de poissons avariés qui est déversée sur moi.

C'est terrible ! C'est alors que dans mon mal être, je perçois la voix de Tuck qui me susurre, cristalline :

« Sois Amour et tu pourras rester, sinon l'expérience va s'arrêter sans que tu puisses comprendre ce qui se passe. »

Amour de quoi, je n'en sais rien et je ne sais pas comment faire. J'ai beau essayer, non, je ne me sens pas capable d'aimer ces hommes intégralement, avec toute cette violence qui les entoure et qui me semble la cause de tous nos conflits.

Tout à mes pensées, je sens ma conscience violemment emmenée vers un lieu que je ne devine pas encore. En fait, cette expansion me met face au visage de ces hommes et je perçois peu à peu leurs pensées, au-delà de leur silence.

L'un d'eux est très en colère. Il ne le montre pas aux autres, mais il est habité par la haine. C'est un agriculteur qui a des difficultés à s'en sortir. Sa femme est malade et il a quatre enfants, petits. Ses affaires ne vont pas bien, même s'il travaille beaucoup, ses récoltes sont maigres malgré tous les produits chimiques qu'il répand dans ses champs. Les dettes se sont accumulées et il ne sait comment y faire face. Sa seule activité, en dehors de son travail est la chasse. Là, il peut se défouler et tirer sur tout ce qui bouge, un peu comme s'il tuait tous ceux qui, croit-il, l'ont mis dans la misère qui est sienne.

C'est de lui qu'émanent les effluves nauséabonds et pestilentiels qui inondent le lieu.

Les trois autres projettent vers moi des pensées plus ordinaires :

« Du tertre, on verra mieux le gibier... », dit le second sans qu'aucune odeur ne s'échappe, tandis qu'une couleur d'un rouge agressif l'entoure.

Le troisième pense si fortement que je perçois ses pensées sous forme de mots qui se dessinent dans l'Éther ambiant :

« J'ai envie de couper ce bosquet. Lorsque je répands les engrais, je ralentis dans mon travail pour contourner ces arbres plantés par mes aïeux pour d'obscures raisons "d'arbres aux Fées". C'est ridicule, ces superstitions. Bon, on y pensera tantôt. »

De celui-là, visiblement propriétaire du champ, sortent des couleurs d'un marron terne et des odeurs curieuses, âpres et âcres, comme celles occasionnées par des poils brûlés par le feu.

Tandis que le troisième, plus jeune, reste pensif :

« Que vais-je faire sans Laure qui vient de me quitter pour ce ridicule cordonnier ? »

La colère et la tristesse dessinent tout autour de lui des banderoles grises et rouges qui gagnent l'atmosphère environnante et dont s'échappe à présent une odeur de poussière et de vieux.

Je suis proche de ces hommes et ma stupeur s'estompe un peu devant l'histoire de vie de celui dont émane tant de souffrance et de haine.

Je n'arrive cependant pas à la compassion véritable, mais je suis encore là, sous ce tertre et c'est bon signe.

C'est alors que mon regard se tourne vers l'homme en souffrance et ce que je vois m'abasourdit. Tandis que son visage s'estompe, à sa place se dessine celui du visage d'un être que j'estime et que j'aime et dont les enseignements m'ont beaucoup apporté.

Je l'entends me dire :

« Je suis chacun de vous, je suis chaque parcelle de vie. je suis cet homme et je suis toi. »

Je n'ai pas de problèmes avec une femme malade et des enfants en bas âge, je n'ai pas de haine et je ne veux tuer personne mais je sens qu'il ne s'agit pas de cela. La voix de l'enseignant continue paisible et aimante :

« Lorsque tu es en colère, quel que soit le sujet qui t'occupe, tu es une partie de cet être. Il représente la face que tu ne veux pas voir en toi. Souvent tu te dis : ma colère est justifiée. Sans t'apercevoir des émanations qui s'échappent de toi, empoisonnent ton environnement et reviennent vers toi pour te détruire, tel un suicide inconscient. »

L'être s'est tu. Passent alors devant moi des scènes où, prise au piège de ce que je crois juste ou injuste, je suis en colère. Ces colères peuvent être soit visibles, soit prendre des apparences plus subtiles, notamment à travers mes attitudes ou mes paroles. Je comprends et je ne résiste plus, je lâche prise, le mental vaincu et à cet instant, un flot de compassion m'habite envers l'homme blessé, envers ce que je n'aime pas chez moi, envers toute forme d'agressivité.

Je n'ai pas davantage d'excuses que le chasseur-fermier et mes colères ne sont pas moins nocives que les siennes.

Tout à coup, je m'aperçois que je ne sens plus cette odeur nauséabonde qui me donnait envie de vomir. Que s'est-il donc passé ?

J'entends au milieu de mon être la voix de Tuck amusée :

« Tu ne vois donc rien... regarde mieux cet homme. »

Je tourne à nouveau mon regard vers le chasseur en souffrance, prêt à tuer pour évacuer sa colère. Je perçois ses pensées :

« J'ai envie de m'en sortir, ma femme et mes enfants le valent bien et personne ne m'a mis dans cette situation. Si mes récoltes sont trop faibles, il doit bien y avoir un moyen auquel je n'ai pas encore pensé... »

Tandis que de nouvelles pensées prennent place, ce qui émane du fermier devient plus supportable. Je vois des ondes grises se mêler à des couleurs bleues d'espoir tandis que des rubans de compassion continuent leur ronde bénéfique autour de lui.

Je reconnais la voix de Tuck :

« Nous interagissons tous les uns sur les autres, sois en sûre et ceci peut se faire instantanément dans notre temps mais aussi dans n'importe lequel de vos temps linéaires qui ne sont en fait qu'un seul et même temps. L'amour, sous forme de compassion ou de joie, quelle que soit l'époque, agit et transforme tout ce qu'il touche. Tu viens de contribuer à l'une de ces transformations. »

Une spirale de lumière m'entoure à présent et m'emporte. Je quitte le lieu à grande vitesse, porteuse d'une nouvelle expérience tandis que j'ai l'impression de perdre contact avec mes amis d'un moment : les Fées, Tuck et le Gnome ainsi que l'Esprit de l'Arbre.

« Illusion, illusion... » s'esclaffe la voix de Tuck au centre de mon être.

Je sais à cet instant qu'il a parfaitement raison. Qui est séparé de qui ou de quoi ? Quelle est cette illusion de mon mental qui me fait croire à la séparation ?

À nouveau, je suis là dans mon corps et dans mon lit, prisonnière de ma condition de Terrienne avec toutes les limites d'espace et de temps que cela comporte. Un monde à trois dimensions ce n'est pas grand-chose… et dire que nombre d'Humains croient vivre dans une civilisation évoluée !

« L'Homme est un être en transition, il n'est pas l'aboutissement de l'évolution », disait Sri Aurobindo, avec raison.

• LE TEMPS DES FÉES

Ce soir-là, je perçois à nouveau l'appel, celui que mes guides du moment lancent vers moi. Je m'extrais de mon enveloppe physique avec facilité et sens aussitôt près de moi une forme lumineuse qui m'accompagne. Elle est là, mais je ne peux encore la voir. Elle m'indique le chemin à suivre, sans un mot, sans un geste, juste une présence aimante, qui m'amène instantanément vers un lieu magique, digne des plus beaux contes de Fées.

Devant moi, dans une végétation luxuriante, s'élève une structure à la transparence nacrée, miroitant de mille couleurs translucides, j'ai la sensation étrange d'être déjà venue en ce lieu. L'ensemble paraît avoir été construit avec une matière qui me fait penser au cristal, mais je sais qu'il n'en est rien. Il en a juste l'apparence.

La silhouette qui m'accompagne et que je perçois plus nettement, à présent, m'entraîne à sa suite. Je ne tarde pas à longer un couloir vivant, aux couleurs multiples et changeantes, où tout semble là pour apaiser celui ou celle qui vient et lui transmettre une énergie joyeuse.

Je ressens au fond de moi cette certitude paisible que tout est juste. Une justesse qui n'a rien à voir avec la résignation ni avec la justice humaine. Plutôt une loi divine qui fait que nos pensées et nos actes attirent à nous des faits auxquels nous nous devons de faire face.

« Tu ressens juste. »

Ce que j'entends n'est pas sous forme de mots, mais je le capte comme une énergie venant de la silhouette qui m'a précédée jusque-là.

« Ce lieu que tu vois est une de nos créations. Sur les plans plus subtils, nous ne pouvons créer sans que notre âme et notre cœur participent à cette création.

La vie que vous dites physique est une création de vos pensées ou plus précisément de votre pensée collective. De même, sur nos plans, nous créons en toute conscience.

Ce bâtiment vit d'une vie autonome car il est une production de l'Amour ainsi que tout ce que tu verras sur ce plan d'existence qui fait partie de notre monde.

Notre nature est faite de telle façon que nous ne pouvons faire autrement que de créer avec harmonie. Nous servons aussi de guides aux êtres du "monde d'en bas" que vous nommez "monde physique" et sur lequel tu vis.

Nous n'avons pas, comme vous, de choix et c'est ce qui fait une grande différence entre nous et vous.

Nous ne pouvons être autrement que ce pour quoi nous avons été créés.

C'est une facilité pour nous et les nôtres mais vous avez un pouvoir que nous vous envions : le choix.

Ce n'est pas un cadeau facile et, depuis si longtemps de votre temps, vous tâtonnez encore dans la façon de vous servir de cette possibilité.

Ainsi, vous pouvez être le jouet de multiples forces qui aimeraient vous amener dans ce qu'elles considèrent comme juste pour elles.

Peu d'entre vous ont appris à se servir de ce que parfois vous nommez "discernement". Cela vous est difficile encore aujourd'hui, vos émotions sont trop débridées et votre mental vous dirige si bien que vous n'êtes les maîtres ni de l'un ni de l'autre. Cet état n'est cependant que provisoire et d'une grande qualité, en vertu des enseignements qu'il vous propose. »

La voix qui coule en moi comme une source fraîche vient de s'arrêter.

Le silence qui suit est semblable à une musique céleste qui éveille en mon âme un début de nostalgie vite dissipée. Un espace se crée et j'entends à nouveau cette énergie qui se traduit à présent en mots :

« Votre monde approche d'un moment de choix d'une importance extrême et qui aura des répercussions sur le nôtre et sur tous les autres mondes de notre système solaire. Voilà pourquoi nous tenons tant à ce que vous participiez consciemment avec nous à ce que l'énergie qui inonde votre planète soit celle de l'Unité et non celle de la dualité que vous connaissez depuis tant de votre temps. Le choix qui est le vôtre aujourd'hui réside entre l'illusion des biens matériels ou la réalité des valeurs de l'esprit. Tout est encore entre vos mains et même si, sur d'autres plans, le choix est déjà fait, tout peut encore basculer.

– Pourquoi nous parles-tu de notre temps ? Je sais que le temps est illusoire et qu'il est différent non seulement pour chacun de nous mais aussi dans chacun des mondes des plans subtils, mais quel est ce temps qui est le tien et qui es-tu ? ne puis-je m'empêcher de demander.

– Je suis du monde des Fées et je représente leur peuple. Je suis là pour te faire connaître ce que nous faisons et à quoi nous contribuons dans votre monde physique. »

Je perçois mieux la silhouette d'énergie féminine qui est, à présent, très proche de moi. Que de beauté, que de grâce et que de féminité dans tout ce qui émane d'elle.

« Je ne peux te donner mon nom, bien qu'il m'en fût donné un, célèbre dans vos contes et légendes car, dans notre monde, c'est notre vibration qui détermine la reconnaissance entre nous. Mais tu verras que cela ne sera pas un obstacle. »

La silhouette semble se densifier et je suppose qu'elle fait un effort en ce sens pour se rendre plus visible à mes yeux.

Devant moi se tient à présent une très belle femme, les traits de son visage sont d'une finesse inégalée, sa silhouette, encore un peu fluide, est d'une perfection et d'une grâce sans commune mesure avec ce que nous connaissons de plus beau sur Terre.

Elle me sourit et les sons qu'elle émet pour me parler ne sortent pas de sa bouche mais semblent venir de son cœur.

« Tu m'as posé une question sur notre temps et j'aimerais te répondre :

Nous ne vieillissons pas et nous ne savons pas ce qu'est la maladie telle que vous la vivez car tous les plans de notre être sont dans l'unité. Nous pouvons vivre des milliers de vos années et suivre les péripéties de vos mondes en en gardant la mémoire mais si nous possédons la longévité, vous connaissez l'éternité. »

J'écoute sans comprendre totalement ce que cela signifie tandis qu'elle continue :

« Il est des légendes où certains des vôtres se sont perdus en nous approchant.

Un Humain traduira cela en bon ou en mauvais mais dans notre monde cela n'existe pas. Celui des Humains qui entre dans une de nos danses que vous nommez "danse des Fées" ou "cercle des Fées" ne se perd pas à jamais.

C'est son âme qui l'attire à nous, il vivra une expérience unique qui l'emmènera dans un monde dont sa mémoire gardera éternellement le souvenir, quelles que soient ses incarnations futures. Nous lui enseignerons ce que nous pouvons lui transmettre, nous toucherons son âme pour qu'il sache que d'autres mondes traversent le sien.

Il est possible qu'à un moment donné, cet Humain veuille retourner dans son monde et nous ne l'en empêcherons pas. Nous lui montrerons comment le temps a passé dans le sablier du temps et bien souvent il ne nous croira pas car il est difficile pour lui de concevoir que des centaines d'années aient pu s'écouler dans le monde des Humains tandis qu'il vivait une expérience qui pouvait lui paraître de courte durée.

Lorsqu'il retournera dans le monde physique, il sera atterré par tous les changements survenus durant son absence. Il aura sans doute des difficultés à reprendre le cours normal de sa vie, mais nous n'y pouvons rien. Les Humains font des choix qui parfois nous étonnent mais nous ne jugeons pas et nous acceptons ce qu'ils ont décidé de vivre. »

La voix aux intonations cristallines s'est tue.

« Viens, à présent... »

À nouveau, je suis la silhouette gracile à travers les couloirs vivants et nous nous arrêtons devant la porte du temps. Une inscription qui semble faite spécifiquement pour moi s'étale en lettres aux couleurs de l'arc-en-ciel :

« Porte du temps. »

La Fée est joyeuse et rit devant mon étonnement.

« Nous aimons surprendre ceux que nous invitons ici » dit-elle, pour seule explication.

La porte s'ouvre sans que nous ayons besoin d'agir d'une quelconque façon, comme si elle savait que nous étions en attente de son ouverture.

À l'intérieur, une vaste salle à la coupole translucide nous accueille. Tout est tellement d'un blanc lumineux que j'en ai le vertige et que les colonnes qui sont au centre de cette salle me paraissent suspendues dans le vide. Je connais cet endroit.

« C'est l'espace-temps » me souffle mon guide tandis que je prends place sur un coussin miroitant mille couleurs et qui semble flotter sur le sol translucide.

J'ai la sensation de tomber dans le vide et j'ai juste le temps de me demander comment mon corps astral peut ressentir une telle impression de vertige.

Peu à peu, et avant que je n'aie pu rassembler mes esprits, une scène s'impose à moi.

« Te souviens-tu ? »

La voix porteuse de lumière me parle à nouveau.

Non, j'ai beau chercher, je ne me souviens de rien de précis et même en me concentrant, en triturant ma mémoire, rien ne me vient.

« De quoi veux-tu parler ? »

Je l'implore, réellement dans l'embarras.

« Il s'agit d'un événement récent de cette vie… »

Au moment même où ces mots pénétrèrent en moi, une image surgit : celle de crop circle et, aussitôt, je me souviens de ce voyage avec quelques-uns de nos étudiants et de nos thérapeutes en Angleterre, ce mois d'août 2009 à la rencontre des crop circles.

J'avais enfoui dans ma mémoire cet épisode datant d'une promenade à l'intérieur de deux cercles de blé :

Lorsque nous avons pénétré dans celui qui était composé de différents cercles sur lesquels étaient positionnés d'autres cercles semblables à des planètes, rien ne laissait présumer de la suite. Une méditation s'imposait et je m'étais assise dans un endroit du cercle central lorsque tout à coup je fus mise en contact avec un être. Il était là, devant moi, sur un autre plan et, tandis que je le regardais, il enseignait à de très jeunes enfants le fonctionnement des différents systèmes solaires. Les enfants qui ne paraissaient guère avoir plus de trois ou quatre ans étaient attentifs et semblaient très intéressés par ces mondes qui tournaient devant eux en parfaite harmonie.

C'est alors que l'enseignant, un grand être aux cheveux lisses et au regard d'une compassion infinie, se tourna vers moi puis vers nous tous. Il nous voyait et nous souriait. Puis il me montra une planète et je reconnus la Terre et quel ne fut pas mon étonnement : moi qui savais que la Terre était la seule fausse note de notre système solaire, je la voyais tourner au milieu des autres planètes en symbiose avec toutes les autres planètes du système. Je compris, en un instant, que la Terre avait réussi son passage et qu'elle était à nouveau réhabilitée. Il s'agissait de l'hypothèse la plus probable mais, pour ces êtres-là, c'est comme si cela était déjà fait.

J'étais émue et infiniment reconnaissante que d'autres êtres voient la Terre guérie et l'enseignent ainsi. L'Être souriait et son sourire illuminait le lieu d'une harmonie tangible. Sur un signe, il s'effaça tandis que je repris complètement conscience du lieu.

Un autre grand crop circle me réserva des surprises : nous visitions ce jour-là l'agroglyphe contenant des « écritures » et nous parcourions les uns et les autres les cercles du début, puis les longues allées d'une écriture étrange et indéchiffrable. J'avais traversé les premiers cercles et avais eu une impression désagréable de destruction, sans trop savoir à quoi cela était dû.

C'est alors que j'eus une sensation étrange, tel un frisson qui courait le long de ma colonne vertébrale. Une main me guidait à travers les écritures et me parlait :

« Tu es dans un livre qui ne sera réellement compréhensible que plus tard pour cette humanité. Il contient l'anatomie physique et subtile de l'Être du futur.

Certains de vos écrits en ont parfois fait mention sur Terre. Les branches de l'écriture centrale écrivent l'évolution de l'Humain, de ce qu'il a été et de ce qu'il sera. Chacune des lignes correspond à un état de son devenir.

L'être du futur aura très peu à voir avec celui de votre moment présent. Il aura la fluidité de l'eau et la force du rocher. Il sera solaire et lunaire et aura transcendé ses émotions. Alors, il pourra lire ce livre sur les différents plans qui le constitueront. »

La voix s'était tue et je comprenais que ce crop circle avait différents niveaux de lecture, mais que ce qui faisait son essence ne serait compris que lorsque nous-mêmes et notre humanité aurions acquis les notions pour le comprendre.

Cependant, dès à présent, ces notions allaient être encodées en nous et réveiller sur chacun de nos plans, du plus physique au plus subtil, ce qui était encore en sommeil. Ainsi, nous pouvions, en marchant dans ce lieu, rouvrir des portes fermées en nous depuis si longtemps. Tous ceux qui étaient là en bénéficiaient et par leur intermédiaire, d'autres en bénéficieraient aussi grâce à l'énergie qu'ils transporteraient immanquablement et inconsciemment.

Puis je vis devant moi des mondes vidés de leur substance, des planètes mortes, desséchées, tandis qu'une voix continuait : « Ces mondes font partie de l'histoire ancienne de divers systèmes solaires. Ce sont des planètes mortes. Leurs habitants n'ont pas su les préserver et se sont réfugiés sur votre Terre actuelle. Leur histoire est aussi une partie de la vôtre, voilà pourquoi elle est inscrite dans ce grand-livre de l'évolution ».

Ce fut tout et la communication cessa comme elle était venue, sans jugement, sans émotion. Tout semblait tellement évident...

(Voir livret central, planche VII).

Là encore, passé, présent et futur se rencontraient dans un temps qui n'était pas celui linéaire qui avait cours sur Terre et je savais que chacune des personnes présentes avait désormais inscrit en elle un autre temps... Un temps qui serait bientôt en cours sur une planète Terre autre que celle sur laquelle nous nous tenons aujourd'hui.

Mon guide féerique s'approcha de moi et d'un geste gracieux toucha mon front :

« Les légendes ont fait de nous des êtres bons ou mauvais. Souviens-toi de ce que l'on dit des Fées dans les légendes arthuriennes, à propos de l'enchanteur Merlin et des Fées Viviane et Morgane.

Les Humains ont oublié que, dès leur conception, nous sommes à leurs côtés. Certaines d'entre nous prennent en charge de suivre l'un des Humains qui s'incarne et proches de lui, elles se conforment aux émotions qui sont les siennes. Nous n'avons pas d'émotions personnelles, telles que vous les concevez. Nous accomplissons avec amour ce qui est dans notre mission et si notre rôle est d'accompagner l'un des êtres de la Terre, nous le faisons volontiers.

Nous proposons des actions, des pensées ou des idées, mais jamais nous n'utilisons notre pouvoir pour induire de force des actes qui ne sont pas voulus par l'Humain auquel nous sommes liées. Ce que vous traduisez en nous comme appartenant au monde des émotions n'est que la projection de vos propres histoires de vie auxquelles nous participons en tant que "guides". Nous obéissons à des lois au-delà des lois humaines et à des Êtres de grande Lumière dont nous sommes les intermédiaires. Certaines d'entre nous, ainsi que nos frères, les Elfes, et nos sœurs, les Ondines, sont parfois pris d'une étrange maladie et éprouvent des sentiments d'Amour envers l'un ou l'une de votre race. Lorsque c'est le cas, nous vous offrons une fidélité totale et des joies amoureuses que vous ne pouvez connaître sur la Terre physique car nous sommes amour et beauté. Aucun de ceux qui ont connu une telle union n'ont eu à la regretter, même si le pacte qui la scelle s'avère contraignant. De nous, vous apprendrez l'art de la santé parfaite et de la longévité tandis que de vous, nous découvrirons le choix et l'immortalité. Si des enfants naissent de notre union avec l'un des vôtres, ces êtres hybrides garderont notre savoir et en feront bon usage mais ne les cherchez pas aujourd'hui parmi vous, la plupart sont dans notre monde.

L'une de nos fonctions est de magnifier le Beau... la beauté est notre monde et nous la répandons où que nous soyons, une autre est d'œuvrer avec les Elfes pour notre mère Nature. »

La Fée s'est arrêtée d'émettre mais les sons qui se dégagent de tout son être continuent à m'inonder d'Amour et de beauté. J'ai en cet instant le sentiment que Tout est beau, d'une beauté indescriptible.

Le Tout représentant la Nature et tous ceux qui vivent sur cette planète, quel qu'en soit le plan. J'ai tout à coup l'intime conviction que nous sommes comme des aveugles qui imaginons un monde et le créons tel, sans voir la beauté de ce qui véritablement nous entoure.

« Qui dort ? Est-ce celui qui vit la vie sur Terre ou celui qui croit qu'il rêve ? »

Je m'interroge, tout en sachant bien que je connais parfaitement la réponse.

Jeu de l'intellect qui aime à décortiquer pour mieux saisir et qui s'aperçoit qu'il fait ainsi fausse route.

• *LE PEUPLE DE L'EAU* :
Naïades-Nymphes-Ondins-Ondines

S'il est un élément que j'aime, c'est bien l'Eau. Elle régénère, apaise et nettoie tout ce qui encombre. Toutes les formes que prend l'Eau, que ce soit une cascade, un lac, la mer ou les rivières, restent fascinants.

Nous sommes arrivés depuis quelques jours dans un pays chaud, la mer est à une température idéale et le ciel d'un bleu céruléen, je me sens toute disposée à entrer dans cette eau, sans me douter un instant de ce qui peut m'y attendre.

Je suis là, la tête sous l'eau avec mon masque et j'admire les petits poissons colorés qui tournent autour de moi sans aucune crainte. Attentive à leur ballet rapide, je suis absorbée dans ma contemplation lorsque brutalement, je réalise que je ne vois plus à travers le masque. Ma vision s'est élargie au point d'envahir tout l'espace et, tandis que les

poissons me paraissent minuscules, j'entends un son sourd et étrange qui me parvient tel un écho et se traduit en mots :

« Nous sommes le peuple de l'Eau, nous préservons les grands axes de circulation de la planète Terre et les lieux sacrés de votre régénération. Nous captons vos émotions à travers l'eau qui les transporte. Nous aimerions te parler pour que le peuple des hommes nous connaisse davantage et collabore avec nous. »

Le mot est lancé et, quel que soit le contact, la collaboration et la compréhension sont toujours à l'ordre du jour. Je suis là immense, démultipliée, expansée, au milieu d'un élément liquide sans me poser de question, j'attends la suite :

« Tu ne peux nous percevoir encore car, dans tes pensées, tu n'as pas idée de qui nous sommes et aucun concept pour nous imaginer. Cela est mieux, ainsi nous pourrons t'apparaître de la manière que nous déciderons. »

Je perçois enfin des silhouettes toutes de lumière bleutée, un peu floues qui tournent en ronde paisible autour du moi expansé que je suis devenue.

Les sons me parviennent sous forme d'ondes que je vois peu à peu se transformer en mots.

Il est difficile de décrire un tel phénomène. Je pourrais suggérer un courant visible qui se condense en m'approchant et dans lequel se forment des mots que je suis capable de voir, de comprendre et d'entendre.

« Nous sommes les êtres de l'Eau. Elle est notre élément et notre mission est de la préserver, comme nous te l'avons dit. Nous ne sommes pas tous identiques et nos formes diffèrent selon que nous vivons dans l'eau des rivières, des lacs, des cascades, des fleuves ou des mers. La salinité de nos mers nous rend plus proches du monde de la surface de la Terre, celle de nos lacs est habitée par ceux des nôtres dont le calme et la lenteur sont propices à la conservation de leurs eaux.

Chacun de nous et selon l'endroit qui nous a été confié par la grande Source de toutes les Lumières a une fonction bien précise que nous souhaiterions faire connaître aux Humains. »

Les sonorités qui émanent des ondes sont hypnotiques et je me laisse bercer par elles comme par un courant bienfaisant.

Mon mental semble inactif et je m'en rends compte par ma difficulté à penser.

« Nous sommes les aides qui veillent à la circulation énergétique de la planète Terre. Nos frères les Gnomes le font aussi à travers les grands axes souterrains de la planète. Notre rôle est à la fois semblable et autre. Nous sommes les matrices du monde que vous dites à venir mais qui pourtant a toujours été, est et sera de tout temps. Vous ne l'avez simplement pas encore contacté, ce qui vous fait dire qu'il est encore à venir. Notre fluidité nous permet de plonger au cœur de tout ce qui vit et notre nature vous appelle à faire cette plongée au cœur de vous-mêmes pour y contacter ce que vous avez oublié : l'Unité.

Lorsque vous vous confiez à nous et que vous entrez dans nos eaux, quelles qu'elles soient de par le monde, nous contribuons à la perte de vos repères et au calme de votre mental.

L'eau de la Terre vous lave et dissout en vous ce qui accroche encore, elle vous permet de redevenir vous-mêmes.

Vous pensez parfois que nous essayons de perdre certains d'entre vous et de faire échouer leurs bateaux sur des rochers invisibles ou d'amener à la perdition des équipages avec le chant de nos sirènes.

Il n'en est rien et ce sont vos légendes. Seules vos peurs font de nous vos ennemis ou des créatures dangereuses.

Nous ne vous voulons aucun mal. Cela ne fait pas partie de notre nature.

Cependant, et vous pouvez ressentir cela comme un danger, de par ce que nous sommes, vous perdez vos croyances, vos schémas à notre contact et toute résistance peut alors vous être fatale.

Nous n'y pouvons rien, car c'est votre mental et votre volonté incarnée qui vous perd. Nous ne pouvons vous aider si vous ne le voulez pas. »

Les voix semblables à des échos se sont tues toutes en même temps et dans l'incroyable silence qui détermine ce qui m'entoure, j'ai la sensation d'habiter pour un instant un caisson insonorisé.

Je perçois tout à coup dans cet univers sans bruit des yeux, d'immenses yeux d'un bleu eau, des yeux couleur des galets de rivière, des yeux changeants et nombreux, qui m'entourent.

Rien de ce qui émane de ces regards n'est hostile, bien au contraire. Je ne ressens qu'Amour et Joie. Certains d'entre eux me font penser à des yeux rieurs et étonnés. C'est alors qu'à nouveau, j'entends au fond de mon être cet écho qui semble venir de tous les regards à la fois :

« Nous sommes un et nous obéissons à une intelligence que vous ne pouvez imaginer. Elle est une et multiple et son amour se traduit dans des êtres au fond des Océans et de vos fleuves sacrés. Des Êtres que vous ne sauriez contacter sans risque pour votre matière dense, des Êtres dont nous ne percevons pas le visage mais dont les émanations nous dirigent et nous enveloppent.

Ce sont eux qui font que nous restons encore en lien avec vous.

Votre pollution physique est immense... vos cœurs ont oublié la nature de l'Eau et l'eau physique vous semble se révolter. Ce sont vos pollutions psychiques qui créent vos catastrophes physiques que d'autres êtres, dont vous ignorez bien souvent la présence, connaissent et amplifient. La carte du monde physique ne sera plus la même dans peu de votre temps. Vous dites que les éléments se révoltent mais ce n'est pas le cas. Il n'y a aucune intention mauvaise dans ce qui se passe actuellement. L'eau comme le feu sont de puissants purificateurs et continuent leur fonction sans qu'il y ait de notions de bien ou de mal. Savez-vous que vos pensées les plus denses et les plus sombres sont reprises et amplifiées pour provoquer les éléments ?

Nous ne pourrions rester si les entités de grande lumière n'existaient pas et notre départ créerait des désertifications et des sécheresses qui détruiraient la Terre. Nous ne souhaitons pas cela car notre fonction est de donner la vie, nous sommes faits pour construire, pour unir et non pour détruire, mais vos destructions sont telles qu'il nous est de plus en plus difficile d'accomplir notre mission.

Nous sommes unies pour que l'énergie féminine puisse enfin trouver sa place en vous.

Savez-vous seulement ce qu'est l'énergie féminine ?

Pensez-vous encore qu'elle se réduise au sexe féminin ?

Nous connaissons vos pensées et nous savons que la plupart d'entre vous avez cette capacité d'aller au-delà des concepts établis.

Vous sortez peu à peu de la matrice et l'accouchement est parfois douloureux, mais à chaque pas que vous faites en dehors des concepts établis, vous vivez une initiation unique et puissante. »

Je me souviens que, lors de conférences que je donnais avec d'autres à Tahiti, nous avions été emmenés sur une île pour nager dans l'eau de magnifiques cascades. Un groupe d'habitants de l'île nous accompagnait et prépara une cérémonie faite de fleurs, de prières et de chants, afin que nous puissions entrer sous la cascade avec la bénédiction des êtres de l'Eau. Ces rituels de grande beauté nous permirent de recevoir toute l'énergie offerte par le lieu et ses invisibles occupants.

Je ressentis en moi une gratitude infinie pour ces Humains qui avaient su préserver leurs rites et qui honoraient la présence des êtres non Humains qui contribuaient au pouvoir régénérant et dissolvant des cascades de ce pays.

« Notre fonction est de préserver les sources sacrées et les eaux de guérison de la planète Terre. Savez-vous que ces eaux sont en connexion avec les êtres des étoiles ?

Savez-vous que le magnétisme qui émane d'une seule des eaux de la Terre vous met en connexion avec toutes les eaux de la planète, avec vos mémoires ancestrales ?

Savez-vous que ce que vous détruisez à travers l'eau, ce que vous polluez, c'est à vous-mêmes que vous le faites ?

Vous êtes en lien permanent avec chacun des quatre éléments, mais l'Eau est une partie importante de votre être, soyez en conscients et accueillez toute eau que vous prenez ou dans laquelle vous plongez.

Nous ne vous demandons pas de grandes démonstrations, juste la conscience de la présence divine qui accompagne chaque goutte d'eau.

Lorsque vous buvez l'eau en toute conscience et que vous l'accueillez en vous, une alchimie se produit entre l'eau qui vous compose et celle que vous offrez à vos corps physiques et subtils. Toutes les fois que vous honorez l'Eau, une transformation se produit en vous, bien plus puissante que vous ne l'imaginez.

L'Eau régénère toutes vos cellules à travers l'amour que vous mettez dans la moindre goutte d'eau que vous absorbez... celle qui coule sur votre corps a une action identique.

Vous craignez aujourd'hui les empoisonnements des eaux et vous avez raison sur le plan physique. Ce que vous ignorez encore c'est votre capacité à purifier cette eau par vos pensées et l'amour que vous lui envoyez. Lorsque vous émettez des pensées de joie, de gratitude, d'amour, elles pénètrent dans l'eau et sont captées par les nuages qui répandent alors une pluie bénéfique sur la Terre.

Une part de vous connaît cette capacité, une autre refuse de perdre du temps à une action qui pourrait lui sembler inutile ou futile.

Si vous acceptez simplement de laisser les anciennes croyances, pour entrer dans la puissance qui est vôtre alors, ensemble nous pourrons nous servir de ce qui émane de bon et de beau en vous pour nettoyer toutes les eaux de la planète Terre.

Cette dualité qui est en vous se répercute autour de vous et, lorsque vous la percevez, vous êtes souvent horrifiés de ce qu'elle occasionne de conflits et de tueries, mais rarement vous faites le rapport avec celle qui règne encore en maître au fond de chacun de vous.

Cependant et nous le savons, il s'agit à présent des derniers sursauts de ces conflits internes. La planète et tous les êtres non Humains qui l'habitent sont aujourd'hui prêts à vous offrir leur aide pour que l'Unité qui a toujours été présente en vous, prenne sa véritable place.

– Qu'en est-il des dauphins et des baleines ? et pourquoi tant de poissons sont morts ces derniers temps de manière inexpliquée ? ne puis-je m'empêcher de demander.

– Les Dauphins et les Baleines ne sont pas de la Terre et, en cette période de transition, ils souhaitent repartir sur les mondes qui sont les leurs. La mort, comme pour chacun de nous, ne les effraie pas, car elle n'a pas de réalité pour eux. Ils changent simplement de structure. Ils ont essayé durant un grand nombre de vos années de vous inculquer la joie et la capacité de vivre dans l'instant présent. Ils n'ont pas de déception face au peuple des hommes car le jugement leur est étranger. Ils savent que l'énergie qui est la leur a été transmise aux Humains de la surface de la Terre comme cela devait l'être et qu'elle accomplira son œuvre. Le temps n'a pas d'existence pour eux, ils ne comptent pas en heures et en jours, en mois ou en années. Tout est déjà réalisé, il faut juste retrouver la route qui ne vous a jamais quittés.

L'Énergie de ces grands êtres ne quitte pas la Terre comme vous le pensez. Personne ne quitte personne. C'est une illusion de plus, créée par votre dimension intérieure.

Illusion... illusion... le temps est venu de vous extraire du reflet pour atteindre l'essence, ce sera l'étape "suivante", même si ce terme n'est pas approprié car il appartient encore au temps linéaire qui ne fera bientôt plus partie de vous. Les poissons morts sur vos rivages ont été touchés par des ondes créées par des êtres humains et non humains dont vous concevez la présence depuis peu. Ces ondes ont détruit leurs corps mais ils font partie de l'âme-groupe qui les guide et ne perçoivent pas la mort comme telle. Cependant, ces ondes sont testées actuellement pour toucher le peuple des hommes mais seront sans résultat dès que vous sortirez de l'illusion que vous pouvez être touchés d'une quelconque manière.

Reprenez votre pouvoir ! Nous ne vous incitons pas à la guerre mais au contraire à la paix. Le pouvoir dont nous parlons est une histoire de conscience qui vous permet d'ôter les voiles que vous avez accepté de poser devant vous depuis si longtemps, de votre temps. Le pouvoir c'est la Joie, c'est l'amour, c'est la compassion, vous le savez… »

Les voix en écho se sont tues une nouvelle fois et je me retrouve tout à coup comme projetée à l'intérieur de moi avec cette curieuse sensation de plonger dans un espace intérieur infini et lumineux.

Je suis là, à nouveau avec mon masque et mon tuba, entourée de petits poissons colorés. Combien de temps s'est-il écoulé ? Je ne peux le savoir mais rien autour de moi ne semble avoir changé. Sur la plage, il y a les mêmes personnes que tout à l'heure et Antoine me sourit comme si rien ne s'était passé.

« Le Temps… le Temps », murmure Tuck avec un rire cristallin qui pénètre au plus profond de mon être.

• LES SALAMANDRES

Ssh… Ssh… un bruissement continu résonne en moi tandis que je me sens expulsée de mon corps physique tel un tube de dentifrice. Ssh… ssh… poursuit le son que je n'arrive pas à identifier.

Tuck est là devant moi, rieur, et je le suis sur un chemin bordé d'une végétation différente de ce que je connais, autant par les couleurs qui la composent que par les formes et le foisonnement de sa nature. La hauteur des herbes, des feuilles, des arbres, dépasse toute imagination, les parfums qui s'en dégagent inondent l'espace, sans que je ressente la moindre sensation d'envahissement, les couleurs sont pour la plupart indescriptibles car inconnues sur Terre. J'aurais envie de m'attarder dans ce lieu magique et enivrant pour mes cinq sens mais Tuck, imperturbable, continue. Il avance et je sens que je dois le suivre. Mais où m'emmène-t-il ?

Il se retourne mais ne répond pas à cette interrogation qu'il a captée, j'en suis sûre, et nous marchons d'un pas alerte au milieu d'un paysage qui, à présent, me paraît vivre d'une vie autonome. Tout à mon émerveillement, je n'avais pas remarqué que sur notre passage, les plantes se levaient ou se courbaient, non parce que nous les touchions, mais d'une vie intelligente qui les faisait vraisemblablement agir en fonction de ce qu'elles percevaient de nous.

Je passe à côté d'une fougère géante lorsque je ralentis le pas, croyant avoir entrevu des yeux qui me fixent. Rien pourtant ne semble bouger. Je fais un pas et cette sensation m'habite à nouveau. Je regarde mieux et vois que la fougère géante, bien plus haute que moi et que n'importe quel arbre de la Terre, me fixe avec des yeux placés à ma hauteur. Gracile, elle ferme les yeux et je vois quelque chose qui pourrait ressembler à une paupière végétale occulter son regard. Elle ouvre à nouveau les yeux tandis que Tuck est à présent à mes côtés. J'entends :

« Continue ton chemin, nous savons que tu peux ressentir ce qui va t'être montré. Nous sommes là. »

La voix aux intonations douces s'est tue tandis que Tuck me tire par la main :

« Viens, ils nous attendent… »

Qui nous attend ? Je ne sais pas mais je le suis, confiante.

C'est alors qu'au détour du chemin, nous nous retrouvons tous deux dans un paysage où tout semble en mouvement. Une impression de vertige me gagne, même si je ne suis pas dans mon corps physique, je perçois que ce que je ressens dépend de mon psychisme. Je ne peux fixer mon regard sur rien.

« Oublie ce que tu connais et regarde ! » résonne la voix enjouée de Tuck en moi. Le problème est que je ne sais pas comment m'y prendre. Tuck a perçu mon embarras :

« Fais le vide et surtout ne pense à rien. »

J'essaie de laisser partir mes références habituelles et, peu à peu, je sens à l'intérieur de mon être une stabilité, une assise qui m'étonnent moi-même. Le paysage qui m'environne se stabilise aussitôt et... je découvre une immense vallée verdoyante à mes pieds. Un lieu de sources jaillissantes et de plantes géantes, mais surtout, ce que je perçois sont des langues de feu gigantesques et mouvantes tandis que j'entends : « Ssh... Ssh... »

Les flammes se rapprochent et m'entourent d'un feu qui me réchauffe mais en aucun cas ne me brûle. Je suis entourée de flammes, mais ces flammes, loin d'évoquer les bûchers d'autrefois, sont d'une puissance et d'une force régénérantes.

Je lâche prise sur toute idée préconçue, j'accepte simplement ce qui m'est proposé, sans aucun jugement. Les flammes sont immenses, deux ou trois mètres de haut, mais je ressens l'énergie qui en émane, bienfaisante et réparatrice. Je sais intimement qu'une intelligence supérieure les habite. C'est une conviction qui s'impose à moi sans savoir d'où elle vient. J'accepte !

« Nous sommes les êtres du Feu et nous œuvrons dans l'Éther-Lumière, comme vous le nommez. Nous aidons et collaborons avec ceux qui transmutent, avec tous les alchimistes de la Terre. Nous sommes partout, intérieurs et extérieurs, chaque être des mondes subtils nous connaît car nous sommes liés à eux.

Nous ne vous jugeons pas, sachez simplement que nous pouvons, nous aussi, être entachés des émanations qui sont vôtres et que notre capacité de régénération envers toute forme de vie en est amoindrie.

Il fut un temps, dont vous avez oublié la trace, où nous donnions à votre peuple une énergie qui transmettait la vie à tout ce qu'elle touchait. Un feu de vie régnait alors dans toutes vos cités et était à la disposition de tous. Un temps vint où vos cœurs s'endurcirent jusqu'à corrompre notre action et où notre énergie fut utilisée à des fins de destruction. Nous nous sommes alors retirés durant un long temps de votre temps. »

Des visages et des formes se sculptent dans les flammes. J'ai la nette impression d'être scrutée intérieurement au plus profond de mon être, sans jugement aucun, tel un scanner invisible qui est à l'œuvre.

La voix, telle un souffle d'air chaud, continue :

« C'est alors qu'un des êtres lumineux qui veille sur la Terre a apporté la guérison nécessaire à cette planète. Lui, le Maître vint nous voir et il détacha le joug qui pesait encore sur nous. Son énergie purificatrice nous a demandé de reprendre notre rôle et de nettoyer le corps éthérique de la Terre tandis que son impact, d'un instant de votre temps linéaire, avait suffi à la régénérer.

C'est ainsi que nous fûmes nous aussi guéris de cette impossibilité d'avancer qui était devenue nôtre. Aujourd'hui nous demandons votre collaboration. Certains d'entre les hommes se sont attachés les nôtres par des pratiques de magie, mais écoutez bien ceci : nous obéissons à des lois tant que les Humains qui nous y contraignent se montrent plus forts que nous ne le sommes. Ces pratiques qui nous lient à vous ne sont pas des actes de collaboration et, tel le maître avec l'esclave, nous nous libérons de ces liens dès que le maître n'en est plus un.

Sans doute pensez-vous que nous nous vengeons de l'esclavage dans lequel vous nous tenez. Ce ne peut être le cas, nous ne connaissons pas vos critères, tels que la colère ou la vengeance et nous n'éprouvons rien de cet ordre.

Lorsque nous nous libérons de certaines entraves, nous brûlons tout sur notre passage, non par dépit mais parce cela fait simplement partie de ce que nous sommes. Nous brûlons aussi les chaînes qui vous lient à la matière dense.

Parfois, l'homme qui nous tenait sous son autorité brûle avec tout ce qui est sur notre route mais ce n'est pas un désir, il s'agit simplement d'un fait.

– Il est des feux destructeurs et d'autres régénérateurs, comment expliquer cela ? » La question m'échappe et je ne peux m'empêcher de la poser.

« Nous sommes à l'image du soleil. Notre nature est la transformation par le Feu. Nous vivifions et purifions ce que nous approchons et, comme tout élément puissant, nous donnons sans discrimination.

Ce sont les Humains de la surface de la Terre qui dirigent notre puissance contre les leurs et en font un feu destructeur. Ce sont aussi les énergies qui émanent de vous, qui attirent ou réclament la destruction de l'ancien pour accéder au renouveau. Vos pensées sont plus puissantes que vous ne l'imaginez et d'autres parmi vous savent comment les diriger. Apprenez à devenir maîtres de vous-mêmes avant même de penser à devenir nos maîtres. Nous sommes à votre service comme tous les autres êtres des mondes de la Nature et des éléments. Cependant, si vous ne clarifiez pas vos pensées, les cacophonies qu'elles créent sur d'autres plans génèrent à votre encontre de désagréables résultats.

Vous ne pouvez accuser qui que ce soit de destruction en dehors de vous-mêmes. Aucun de nous ne détruit pour détruire, nous accomplissons notre mission et ce pour quoi nous sommes faits. Nous détruisons ce qui le demande afin de laisser venir le nouveau.

Vous êtes importants pour toute la création mais vous avez jusqu'à présent nié une partie de vous. Il est grand temps de vous réconcilier avec elle aujourd'hui. »

Ssh... Ssh... le souffle continu se fait plus intense, plus sonore. Je suis là, prise par l'évidence des paroles non dites que j'ai perçues avec une telle netteté qu'elles pourraient être inscrites en moi à jamais. Je sais pourtant qu'il n'en sera pas ainsi, ma mémoire humaine étant tout à fait ordinaire.

C'est alors que je me rends compte que Tuck n'est plus à mes côtés. À peine ai-je eu le temps de réaliser ce fait qu'une présence à l'énergie fluide m'approche. Elle semble glisser sur le sol, presque voler.

• L'ELFE

L'être qui est à présent près de moi me sourit. Il est à peu près de ma taille, sa silhouette me paraît longue, mince et souple. Je ne saurais dire s'il est homme ou femme, plutôt androgyne. Il porte des vêtements soyeux, aux couleurs changeantes qui font corps avec lui, je pourrais le comparer à un jeune page délicat et impubère.

Tandis que je le regarde, une sensation étrange et indéfinissable m'habite, je m'attarde sur ses traits d'une grande beauté et sur son sourire qui dévoile ce que je pourrais décrire comme de très petites dents parfaites.

Un détail pourtant m'interpelle : ses oreilles. Elles sont petites et pointues et qui plus est, elles sont mobiles. Elles semblent frémir et être toujours en éveil. Le tout n'a duré que très peu de temps et déjà je me sens en complète confiance avec cet être dont les yeux m'attirent inexplicablement : de beaux yeux en amande et au regard profond et pénétrant.

Un instant je me demande : est-ce moi qui crée l'apparence de cet être tel que mon mental ou mes croyances le voudraient ou est-ce lui qui se présente ainsi à moi ?

« La combinaison des deux a créé cette apparence, me répond l'androgyne qui a perçu ma question, mais c'est ainsi que je m'aime et que je me présente généralement à ceux auxquels je souhaite apparaître.

Je représente les Elfes et je suis leur porte-parole auprès de toi. Tuck ne t'a pas quitté mais il privilégie notre rencontre en s'effaçant. »

Je perçois tout à coup que les flammes qui étaient proches de moi ont disparu et que même la vallée merveilleuse s'est transformée. À sa place, je suis là, debout dans un lieu « neutre », sans rien qui puisse accrocher mon regard, dans un espace suspendu entre deux mondes, couleur bleu-vide.

L'Elfe, à mes côtés, continue :

« Notre élément est l'Air et nos palais sont translucides. Nous y invitons parfois les Humains pour qu'ils sachent que les formes parfaites existent lorsque l'on est en harmonie avec les grandes entités qui président aux nombres et à la géométrie sacrée. Toute forme est, à l'origine, un son et ce sont ces musiques célestes qui se concrétisent dans toute vie. Il est des êtres d'une immense sagesse qui donnent une structure à tout ce qui peut exister sur cette planète. Nous œuvrons auprès d'eux, sans eux, sans nous, les particules de prâna danseraient sans but et les formes que vous connaissez ne pourraient se maintenir telles. Les êtres, qui ont pour corps les nombres, contribuent aussi à ce que le monde se présente à vous, tel que vous le connaissez.

Ils se servent de vos concepts pour construire selon vos perceptions. Ils peuvent suggérer, ils peuvent créer à l'infini, mais ils se conforment à votre évolution. Vous avez construit ce monde à votre image et il ne s'agit pas ici d'une vaine parole mais d'une réalité parfaitement tangible dans votre quotidien : votre temps, votre espace, vos formes géométriques, vos sons et vos couleurs, sont adaptés à vos croyances, mais sachez que tout est en changement et qu'il est temps d'ouvrir grand la porte de vos perceptions subtiles pour accéder à une autre dimension de votre monde.

Nous sommes là pour que vous perceviez le parfum des fleurs, l'une de nos fonctions est de les rendre plus tangibles à l'odorat humain. Ainsi, les essences des plantes sont un don de la Nature qui vous est offert afin de réactiver vos mémoires et d'apaiser vos maux.

Soyez attentifs à ce que captent vos sens physiques.

Nous permettons aux couleurs d'être visibles à votre regard sachant que l'énergie émise par une couleur contribue à la régénération de votre physique et votre psychisme.

Nous faisons que les sons soient audibles à vos oreilles physiques. De même, nous agissons pour que vous puissiez sentir la délicatesse ou la rugosité des matières infinies qui vous entourent. C'est par nous que vous reconnaissez les saveurs de ce que vous goûtez.

Nous sommes des intermédiaires entre vos cinq sens physiques et la vie telle que vous la connaissez. Sans nous, vous seriez coupés de toute forme de sensation.

Vous doutiez-vous que tant d'êtres contribuent à faire de votre monde ce qu'il est à l'origine : une Terre de beauté et de paix ? Une partie de vous détruit ou rend invivable ce que l'autre partie construit, sans ressentir un seul instant les présences qui les entourent.

Aujourd'hui, depuis votre temps terrestre, il est urgent de considérer ceci : le monde tel qu'il se présente va vers une impasse pour les Humains qui y vivent. Tout ce qui est artificiel remplace peu à peu ce qui vient de la Nature et vous vous coupez de votre source de régénération. Vous ne pourrez vivre longtemps ainsi. Prenez soin de vous entourer de ce qui est naturel et d'éveiller vos sens à ce qui leur est proposé. Les parfums, les sons, les couleurs, les goûts, les matières vous aident non seulement à vous guérir de vos angoisses, de vos peines et de vos douleurs, qu'elles soient physiques ou autres, mais aussi à vous connecter à tout ce qui dort encore en vous et ne demande qu'à s'éveiller.

Un son, quel qu'il soit, est une musique, une symphonie pour celui qui sait l'entendre, il en est de même pour tout ce qui peut être capté par vos sens. Tout émet un son et jusqu'à présent, vous ne pouviez, dans votre ensemble, percevoir la "musique de l'âme" qui s'élève de la moindre créature et même, du moindre "objet". Elle est pourtant bien présente et si vous acceptez de rendre vos oreilles subtiles plus actives, vous aussi vous l'entendrez car le moment est venu pour cela.

Ce que vous pensez se traduit à travers ce que vous percevez, ressentez et vivez. Vous le savez intellectuellement mais peu le mettent en pratique.

Je vous propose ceci : occultez tour à tour vos sens et percevez, au moyen de ceux qui resteront actifs, le monde qui vous entoure. Il est fort probable que vous ressentirez alors combien le sens provisoirement absent est important. Faites cela comme un jeu, apprenez à jouer et riez.

Mais pour le moment, viens et suis moi ! »

Ce n'est pas la première fois que j'entends cette phrase de la part de mes compagnons de voyage. L'Elfe pose avec douceur sa main sur mon épaule, tandis que mon corps de lumière se propulse à grande vitesse à sa suite.

Sa voix, telle une musique, s'immisce en moi, fluide baume limpide :

« Regarde ces nuages... »

En effet, nous sommes à présent auprès de magnifiques et impressionnants nuages et je m'étonne de pouvoir être si proche de ces formes toutefois bien physiques.

« Regarde » dit encore la voix musicale en moi.

C'est alors que je vois plusieurs êtres, semblables à mon guide, tourner autour du nuage en riant.

« Ce sont ceux de ma race et ils vont donner une forme à ce nuage. Ils captent les pensées qui viennent des Humains et ils aiment témoigner leur présence en créant avec les nuages des formes attendues et inattendues. »

Je capte à présent moi aussi les pensées d'un Humain. Je le vois comme s'il était là. C'est un homme d'une trentaine d'années qui prend sa pause dehors. Il a les yeux au ciel et pense :

« Si autre chose existe que cette vie banale et sans intérêt, alors que les nuages prennent une forme qui me le fera comprendre... »

Ses pensées sont claires et désabusées et, tandis qu'il continue de regarder le ciel, le nuage prend en quelques minutes, une forme étrange : celle d'un grand vaisseau spatial qui ne manque pas d'attirer l'attention de l'homme.

« Ça alors ! » s'exclame-t-il intérieurement et, joyeux il se frappe la cuisse tandis que les yeux rivés sur le nuage, il rit de bon cœur.

« Qui me croira ? peu importe ! j'ai enfin un signe ! »

L'homme rentre dans son bureau, mais cette fois je perçois des effluves joyeux qui viennent à moi et qui entourent le nuage.

« Viens, je n'ai pas fini... »

L'Elfe, une nouvelle fois, pose sa main avec délicatesse sur mon épaule. En un instant, je suis au milieu d'une bande d'oiseaux qui m'entourent de tous côtés. Je ne sais que faire, sinon continuer un bout de route avec eux.

« Ce sont des oiseaux migrateurs et plus précisément des oies, je vois que tu n'as pas une grande connaissance de la gent ailée. » La voix de l'Elfe est enjouée et j'aimerais riposter pour lui dire que si, je connais les oies. Mais nous passons à un autre sujet.

« Sais-tu qui dirige celui qui est en tête du groupe ?

– L'âme-groupe sans doute, dis-je tout en pensant que la réponse est trop simple.

– Il y a, bien sûr, l'âme-groupe des oiseaux migrateurs ainsi que le Déva qui permet au chef de file de savoir exactement où se diriger. Cependant, les recherches sur les ondes qui parcourent votre Terre et votre ciel ont grandement perturbé ce que vous nommez "le sens de l'orientation" du peuple animal, notamment de tous ceux qui volent. Les ondes électromagnétiques influencées par vos pensées et vos émotions perturbent aussi nos peuples. »

Je suis à présent en tête du grand voilier formé par les oies sauvages. Je suis celui qui conduit et je bats des ailes avec puissance. Je sais précisément où me diriger lorsqu'au plus profond de moi, j'entends une voix profonde et puissante.

« Écoute le Déva » me souffle l'Elfe, dont je reconnais la voix. Prends ce courant d'énergie qui te traverse à présent il t'indique la direction où tu dois te rendre. »

En effet, je sens un frisson qui me parcourt et je me demande si l'oie dont j'habite momentanément le corps entend comme moi des mots ou si elle perçoit des images et des sensations. Je n'ai guère le temps d'entendre une réponse, la voix continue, sereine et grave.

« Évite ce courant nuageux sur le côté. Il est nocif pour tous les tiens et pourrait désorienter momentanément ton vol. Quant à cet autre qui le croise, le poison qu'il contient vous détruirait si vous le franchissiez. »

Mon attitude est volontaire et précise. Cette voix me donne de la force et je me sens en sécurité, nous n'irons pas vers ces traînées nuageuses porteuses de mort.

Je suis soudain expulsée de ce corps puissant et à nouveau je suis là, dans cet espace couleur bleu-vide, avec l'Elfe à mes côtés.

« Les Humains jouent aux apprentis sorciers et les toxiques qu'ils émettent par l'intermédiaire des avions ainsi que les ondes invisibles et déstabilisantes ont atteint bien des oiseaux.

Mais c'est aux Humains que s'adressent ces expériences. Lors de la mort d'un oiseau, nous transformons son énergie en onde lumineuse pour qu'elle aide ceux qui le souhaitent à s'élever et à capter la lumière.

Les messagers que représentent les oiseaux avertissent les Humains des dangers qui viennent à eux et dont ils n'ont pas idée.

Les ondes qui parcourent actuellement la planète forment un bouclier autour de la Terre, non pas pour la protéger mais pour l'isoler.

Cependant, les Grands Dévas nous ont dit que tout ceci était permis par la Grande Lumière pour que l'Humain redécouvre son potentiel et retrouve sa liberté. »

Deux yeux rieurs me regardent et je me perds en eux tandis que la voix de l'Elfe continue :

« Le peuple des hommes est sur le point de faire un grand pas qui déterminera un passage plus grand encore. Nous ne demandons pas une reconnaissance, nous n'avons pas de besoin de cette sorte. Accordez-nous votre confiance et cela sera suffisant pour que nous soyons plus proches de vous. »

Tandis que la voix se perd peu à peu dans ce que j'imagine être un lointain, Tuck, proche de moi, sautille en me tirant par la main.

Ses mains aux doigts longs et fins s'agitent pour exprimer ce qu'il veut absolument que j'entende :

« Nous n'avons pas encore terminé et le temps terrestre passe. Il faudra bientôt que tu regagnes ton corps physique. Pourtant, tu ne peux passer à côté de ce que nous voulons tous te montrer. »

Tuck est toujours aussi énigmatique, mais à présent je m'y suis habituée et je sais qu'il est le meilleur guide qui soit pour moi, dans ce monde des « invisibles ».

NAISSANCE SUR TERRE

Je suis là, dans mon corps de lumière, dans une pièce petite et mal éclairée d'un appartement parisien situé dans un immeuble coincé par deux grandes tours.

Dans la pièce aux peintures défraîchies, une femme assise sur une chaise en plastique regarde droit devant elle, perdue dans ses pensées. Elle doit avoir une trentaine d'années et un papier jeté négligemment sur la table m'indique qu'elle vient d'apprendre qu'elle est enceinte.

Des ondes s'échappent d'elle et me percutent :

« Quelle tuile, il ne manquait plus que ça ! Je ne voulais pas d'un quatrième enfant... et que va dire Simon, déjà que ce n'est pas facile entre nous, (le reste est confus) pas d'argent, pas de temps, pas d'amour. »

Scène banale s'il en est, je n'ai aucune envie de rester là à regarder, sans rien y pouvoir faire, le désarroi de cette future mère.

C'est alors que la porte s'ouvre sur un homme mince et blond, apparemment du même âge que sa conjointe. Il a compris en voyant le résultat des tests et, devant le désarroi de sa femme, il semble démuni puis, tout à coup se ressaisit :

« Je comprends, tu venais d'avoir ce poste à l'école pour aider les institutrices mais, nous trouverons une solution. Dis-moi ce que tu veux, je serai d'accord. »

Tandis que la femme lève un regard étonné vers son mari, je perçois autour du couple des petits êtres qui s'affairent. Ils semblent vouloir amuser les futurs parents qui ne les voient pourtant pas.

Il y en a de la race de Tuck et ceux-là sont les plus agités. Ils vont et viennent et se posent sur l'épaule du mari puis tirent la robe de sa femme tout en riant aux éclats. Leur joie doit être contagieuse car un pâle sourire éclaire enfin le visage de la future maman.

« C'est toi qui parles comme ça, Simon ?

– Ne te fais pas de souci, Jeanne, renchérit Simon indifférent à la question, nous y arriverons. Je viens juste d'avoir une augmentation. J'étais soucieux et nerveux, ces derniers temps, j'avais toujours l'impression de travailler sans jamais voir où ça passait mais aujourd'hui je venais pour t'annoncer cette bonne nouvelle. »

Le couple semble plus serein et, tandis que Simon embrasse tendrement Jeanne, le petit peuple des invisibles s'affaire autour du ventre de la future mère.

« Alors, nous le gardons et nous verrons bien » dit Jeanne, un peu apaisée.

Tandis qu'elle se dirige vers la petite cuisine pour y préparer le repas du soir, les enfants rentrent de l'école. Trois petits entre cinq et huit ans, deux garçons et une fille, sont ramenés par la voisine qui ne s'attarde pas, pressée elle aussi par l'heure.

Après les embrassades, Simon emmène le plus petit au bain, tandis que l'autre garçon file dans sa chambre pour se déshabiller et que la petite fille va rejoindre sa maman.

Les plats cuisent, Jeanne se détend avec la petite dernière dans les bras, sur un vieux canapé aux ressorts distendus, qui longe le mur de la salle principale de l'appartement.

C'est alors que j'assiste à un étonnant et merveilleux spectacle : de petits êtres de toutes les races parmi les « invisibles » sont là, tournoyants autour de Jeanne qui n'a visiblement aucune idée de ce qui se passe.

De petits Elfes et des Fées volettent d'un endroit à l'autre de son corps, les Gnomes et leurs femmes, les Naïades et les Ondines et Ondins, les Salamandres, chacun semble occupé à une tâche bien précise reliée à l'abdomen de la future maman.

« Ils sont en train de créer le vêtement subtil de l'être qui a choisi de s'incarner à travers cette femme. »

La voix de Tuck résonne au plus profond de moi et je lui suis gré de m'accompagner dans cet instant émouvant. Je savais, suite à l'expérience des « neuf marches » comment se passait une naissance dans les plans subtils et comment vivait l'être qui s'incarne durant tous les mois de la grossesse, mais cette partie plus précise de l'intervention des êtres de l'Éther avait été simplement évoquée. Aujourd'hui je peux en voir toute la portée.

« Regarde bien, continue la voix enjouée du Lutin, chacun tisse le vêtement de l'organe qui correspond à l'élément qui est le sien. La rate est toujours construite en premier car c'est par elle que circule principalement la Vie.

Vois comme ils travaillent dans la joie et comment ils créent l'éthérique du fœtus dans lequel se glissera l'entité d'ici quelques jours.

– Nous sommes donc avant la fin des vingt et un jours de grossesse ? m'exclamé-je étonnée.

– C'est exact, et cette danse des êtres des éléments durera jusqu'à la construction complète de l'enveloppe éthérique du futur incarné. L'être qui vient s'incarner n'a pas encore essayé le nouveau vêtement qui sera le sien pour une vie.

Vois-tu, chacun de nous a aussi été créé pour ce moment-là et les Humains ignorent bien souvent qu'ils ont en eux une partie de nous. Nous œuvrons avec la Terre, le Feu, l'Air et l'Eau pour créer les organes qui correspondent aux quatre éléments. Le cœur est Feu et les Êtres du Feu sous la direction de grandes entités de lumière, lorsqu'ils procèdent à sa création, y tissent des fils qui sont des connexions très subtiles avec les mondes d'en haut. »

Je vois que les Gnomes sont en train de tenir en main une forme d'organe qui ressemble à la rate.

« Tu as vu juste, la rate et le pancréas reviendront à la terre à la fin de la vie de l'être qui va s'incarner. Au moment de la mort, tout ce qui est créé retourne à l'élément d'origine d'où il est issu et nous aidons à la régénération de tous ces organes éthérique pour qu'ils soient à nouveau dissous dans leur élément premier.

Regarde les Ondines et les Ondins. »

Ce que je vois alors est digne du plus beau des spectacles : deux Ondines aux formes fluides et bleutées, évoquant sans conteste l'eau, sont à présent à l'intérieur du ventre de la future mère. Mes yeux subtils peuvent suivre leur danse gracieuse tandis qu'une troisième projette dans l'espace utérin une substance que les deux autres recueillent avec respect. Une forme commence à apparaître dans les mains des Ondines et c'est alors que je vois nettement dans la main de chacune d'elle un rein éthérique, moule certain du rein physique qui ne tardera pas à s'y loger.

Si les Humains savaient !

Les êtres de l'Eau placent à présent, avec des mouvements empreints de respect et de délicatesse, les deux reins à leur juste place, dans la forme dessinée par le fœtus éthérique.

Le ballet incessant se poursuit, infatigable, tandis que Tuck continue :

« Tout est parfait, enfin, je veux dire que tout ce que nous faisons lors de la construction du fœtus et des organes éthériques est parfait parce qu'il n'y a là que l'Amour.

Pourtant, ne t'y trompe pas, nous tissons des formes parfaites mais les âmes qui se glisseront dans la matière ainsi créée peuvent y laisser une empreinte déformée par des problèmes non résolus de leur part. Cela ne nous appartient pas et nous n'avons aucun pouvoir à ce sujet. »

Je pense à tous les Humains qui naissent avec des problèmes physiques ou mentaux et qui vont devoir, leur vie durant, voyager avec le bagage qu'ils ont amené avec eux.

« Ce n'est pas toujours ainsi, rectifie Tuck. Il y en a aussi, parmi les Humains qui arrivent sans bagages de ce type, mais les construisent à partir de ce qu'ils entendent et traduisent depuis le ventre de leur future mère et de l'environnement qui sera le leur.

Certaines malformations peuvent être guéries durant les neuf mois. Cependant, si cela ne l'est pas c'est l'âme qui en a décidé autrement. »

Je souris, on voit bien que Tuck n'est pas un Humain et je rêve d'un monde où toute naissance serait honorée, où tous les êtres arriveraient parfaits et garderaient cette perfection jusqu'à la transition qu'ils choisiraient sereinement et de leur plein gré.

Tout à coup je sens une présence près de moi. Une silhouette féminine se tient là, debout non loin de moi. Je perçois les détails de son visage aux traits orientaux d'une parfaite régularité, elle me sourit :

« Je suis là pour comprendre ma future famille. Je dois faire un pont entre différentes civilisations et diverses religions et j'admire le travail de ces êtres qui tissent l'enveloppe de mes futurs organes. Je suis sensible à leur présence car ma dernière vie s'est passée à les comprendre et à me servir des éléments de la nature pour guérir.

Cependant, je n'ai jamais pu rentrer en contact avec eux, sans doute parce qu'en moi subsistait encore un doute quant à leur réalité. »

Cet aveu ne semble pas émouvoir Tuck. Il vit dans un présent qui semble éternel et où les considérations personnelles n'ont pas leur place.

Dans ce monde étrange et pourtant voisin du nôtre, tout semble accepté et considéré comme juste. Le lâcher prise, la joie et l'instant présent sont apparemment dans la nature du peuple des « invisibles ». Ils sont nés ainsi, alors pourquoi devons-nous passer autant de temps et d'énergie à rechercher ces états d'être pour connaître la paix ?

« Parce que justement, vous les recherchez. »

Le grand Elfe est à présent à mes côtés. Sa voix mélodieuse m'apaise instantanément, je suis heureuse de le revoir. Il me regarde et poursuit :

« Dis aux Humains ceci : ne jugez pas, ne comparez pas, et soyez joyeux pour tout ce qui vous arrive de beau même si vous considérez que ce n'est pas grand-chose. C'est votre façon de juger qui vous fait croire qu'il y a des grandes et des petites choses, il est temps de changer d'histoire et si, justement, vous souhaitez que la vôtre change, soyez simplement ouverts à ce que votre âme, par l'intermédiaire de la Vie, vous propose.

Lâchez ce qui vous encombre encore, non pas en oubliant, mais en lâchant prise, en acceptant l'autre ou la situation telle qu'elle est.

Notre nature est ainsi faite et cela est simple pour nous. Nous ne pouvons choisir d'être autrement. Puisse cela vous aider à faire volontairement ce choix. »

Tandis que la voix de L'Elfe s'éloigne, je sens un tiraillement caractéristique que je connais bien. Mon corps physique me réclame et je dois revenir vers lui. Le temps physique a dû passer lui aussi et il me faut quitter Jeanne et la ronde amoureuse qui l'entoure.

Je suis là, dans mon lit, et je m'étire essayant de redonner vie à mes membres engourdis tout en me disant que les Humains ont un potentiel immense et qu'il est grand temps qu'ils en fassent profiter la planète Terre.

PAN

Quelques jours sont passés et, aujourd'hui, je suis là sans être là. Mon corps est allongé sur l'herbe tandis que je me perçois, assise non loin de lui, dans un coin de Nature qui m'apporte toujours paix et ressourcement. Pourquoi rester si près de mon corps physique alors que je peux librement me rendre en d'autres lieux... mon mental ne peut répondre à cette question. Cependant, j'ai l'intime conviction que tout se passe comme il se doit.

Brusquement, un bruit qui ressemble aux sabots d'un cheval martelant le sol me fait tressaillir. Je ne distingue pourtant rien de plus que cette Nature aux couleurs chatoyantes et aux buissons touffus.

« Je suis là » prononce distinctement une voix douce et forte à la fois...

Surprise, je cherche : d'où cela peut-il venir ?

« Regarde mieux en toi et tu me verras » poursuit la voix musicale. C'est alors que je distingue la silhouette d'un faune majestueux et de haute taille. Il est là, devant moi, mi-homme mi-animal, dressé sur ses deux sabots mais ce qui m'impressionne le plus, c'est son regard : un regard couleur du ciel nuageux, changeant et d'où émane une immense bonté. Je ne sais pas si les pupilles sont dans le sens des nôtres mais il me semble que non et cela aussi renforce l'étrangeté aimante de ce regard.

« Je suis Pan, celui que tous les êtres des règnes de la Nature considèrent comme leur maître mais je suis avant toute chose le serviteur du Grand Tout. C'est sa lumière qui m'habite et qui me dirige pour que je puisse transmettre sa volonté à mon peuple. La loi de l'Un n'est pas uniquement pour le peuple des hommes. Elle touche tout ce qui est animé ou vous semble inanimé, elle est partout et s'immisce dans la moindre des particules de vie. »

Je distingue bien les traits de celui qui se nomme Pan et je suis émerveillée de pouvoir être à ses côtés. Jamais je n'avais eu de contact avec lui jusqu'à présent mais ce qui m'intrigue est qu'il se présente à moi selon les critères et les descriptions faites dans les contes et les légendes.

Il répond à mon interrogation non formulée, de sa voix mélodieuse qui traverse mon crâne et se dépose au fond de mon cœur.

« Je me présente ainsi car je suis le symbole de toute forme de vie dans la Nature et aussi des quatre éléments. C'est ainsi que l'on me reconnaît et que certains m'ont vu parfois. N'y vois pas un but de conformité à ce qui est décrit dans les livres mais pense plutôt que les écrivains m'ont décrit tel que je le souhaitais. Beaucoup de vos livres de soi-disant fiction touchent des réalités qui vous sont encore inconnues mais qui sont bien présentes dans un des nombreux mondes. Ceux qui les écrivent sont bien souvent inspirés inconsciemment par ceux qu'ils décrivent où dessinent.

Je suis par essence le Grand Coordinateur et régénérateur de tout ce qui se fait dans la Nature par l'intermédiaire de ceux de mon peuple. Ce qui m'a valu une réputation de fécondateur. Cependant, aujourd'hui, il est des actes qui décoordonnent ce que j'ordonne. »

Je ne peux m'empêcher, tandis que le Grand Pan continue le déroulement de sa pensée, de remarquer au passage l'invention du mot « décoordonner »... ou bien est-ce là un tour de mon traducteur intérieur ?

« Des êtres de l'anti-Nature, attirés par les désordres intérieurs et extérieurs qui émanent de cette fin de civilisation qui est la vôtre, se repaissent d'énergies déstabilisantes et destructrices au plus haut point. Certains des hommes de la Terre et d'ailleurs, les manipulent avec facilité et les dirigent avec habileté.

Ils sont permis par la Grande Lumière et ils ne pourront agir au-delà de certaines limites. Ils sèment la perversion et le chaos mais leur existence ne peut être que parce que l'Amour a été insufflé en eux à l'origine.

Ne les détestez pas, vous renforceriez leur action, mais agissez toujours dans le sens de ce que vous voulez construire ou changer. Gardez cela comme une loi au fond de vous, afin de ne pas avoir la tentation de dévier de votre route. Les temps font que vous aurez envie de lutter. Vous n'avez aucun moyen semblable à ceux que vous voulez combattre et ce serait en pure perte, vous vous y épuiseriez en vain.

Construisez, bâtissez et laissez l'ancien se détruire par lui-même. Votre préparation à la nouvelle Terre passe par là.

Lorsque vous aurez le désir de nous voir, sachez que nous ne serons jamais loin de vous et si vous souhaitez réellement entrer en contact avec nous, sachez devenir un avec les éléments que nous représentons.

Si vous retournez la terre, soyez un avec elle, si vous pénétrez dans l'eau ou la buvez ou la recevez en pluie, soyez un avec sa substance, si vous respirez, respirez en conscience, si vous allumez un feu soyez un avec son essence.

Alors, peu à peu votre être redécouvrira l'Unité et nous pourrons nous rencontrer ! »

Le grand Être s'est tu... je le regarde et je suis subjuguée par la sérénité qu'il dégage.

Au-delà des mots, au-delà de tout, il ne reste plus qu'un grand cœur qui palpite, celui de la Terre, mêlé à celui de l'humanité tout entière.

Cette fois, je sais que j'ai accompli ce que les êtres de la Nature attendaient de moi. Je pourrais parler de fin de ce livre mais y a-t-il une fin à quoi que ce soit ? Mes rencontres ne cesseront pas parce que ce livre s'achève et l'existence de ces êtres ne tient pas non plus à un livre. Je n'ai pas eu de rencontre avec les Dragons, les licornes et autres animaux mythiques mais qui sait, peut-être qu'un jour…

Je souhaite simplement que la lecture de ce livre ait ouvert une porte ou simplement confirmé ce que tant d'entre nous pressentent.

TÉMOIGNAGES

J'ai souhaité mettre à la fin de cet ouvrage des témoignages afin que tous ceux et toutes celles qui sont en contact avec les êtres de la Nature où qui le seront bientôt ne se sentent pas isolés et sachent qu'il peut y avoir de multiples manières de les rencontrer.
Je vous les livre en remerciant ceux qui ont accepté que je les publie.

• *RENCONTRES*

Le premier contact que j'ai eu est arrivé en 2003. Je venais d'accoucher de ma deuxième fille. En ce temps-là, j'étais peu éveillée aux phénomènes sortant de l'ordinaire. Bien sûr j'avais quelquefois des impressions, intuitions, visions mais rien d'autre. Je n'étais pas dans une démarche claire de conscience.

Donc, après l'accouchement je me souviens très clairement que je ressentais que quelque chose s'était ouvert en moi.

Je ne pouvais nommer ce dont il s'agissait mais je le ressentais plus au niveau énergétique.

Donc, ma fille devait avoir quelques jours tout au plus et j'étais couchée dans mon lit, en plein après-midi.

Et là, c'est en regardant au plafond que j'ai aperçu un Gnome qui me souriait. En fait, ce qu'il dégageait de bonne humeur, d'espièglerie était tellement contagieux que je me suis mise à rire aussi. Il était grand d'à peu près 2 pieds et plein de couleurs, dont du rose, jaune, vert, bleu... Ce premier contact a duré cinq bonnes minutes. J'ai ressenti beaucoup de joie et de légèreté durant le restant de la journée. Le lendemain après-midi, encore une fois couchée sur mon lit, il m'est encore apparu. Le contact a duré pour encore cinq bonnes minutes avec la même joie, vivacité et espièglerie.

L'autre contact s'est produit il y a quelques mois à peine. Je venais de me coucher et j'étais sur le point de m'endormir. Et là, quelque chose s'est passé en moi, difficile à expliquer :

Je me suis assise dans mon lit et j'ai ouvert les yeux. Et là, une magnifique Fée aux couleurs étincelantes, d'un rose éclatant (je ne saurais être certaine mais elle avait une sorte de vêtement...) m'a regardée avec un magnifique sourire plein de bonté. Ses cheveux longs étaient de couleur dorée. Elle était en train d'arroser de la verdure. Elle était si belle, si belle, son visage avait les traits humains mais elle, elle était petite je dirais comme peut-être 1-1,5 X la grandeur de ma main. Elle s'est ensuite doucement effacée tout en me souriant...

Il y a un mois, je marchais en forêt... Je venais de traverser une période dans laquelle je me questionnais quant à mes soins. En fait j'aimerais intégrer dans les soins esséniens le petit peuple, s'il le voulait bien, bien entendu.

Je sens qu'il me manque ce lien pour être réellement dans ce qui me fait vibrer, aimer.

J'en étais venue à cette conclusion et j'ai continué à marcher... Il devait faire -30 degrés à 8 h 30 le matin donc j'étais seule en raquettes sur les sentiers. Tout à coup, j'ai ressenti un vent derrière moi, et en même temps que de ma bouche sortait un inspir de surprise, j'ai senti un animal grand, de ma hauteur, à longues pattes en sabots (j'en ai même entendu le bruit sur le sol) me traverser. Je ne saurais malheureusement dire s'il avait deux ou quatre pattes...

À cela se rajoute une expérience vécue quelques jours après celle-là. Je me suis réveillée au milieu de la nuit et j'étais une pierre, je faisais partie de l'âme de la pierre.

J'étais minerai, mon crâne, mon corps osseux surpassait de beaucoup mon corps physique. Ce n'était pas une sensation désagréable du tout, mais plutôt une présence. Une forte présence, immobile mais aérienne même si je ne pouvais bouger. Une force immobile, vivante, dense. J'étais comme un et ou plusieurs rochers à la fois. Il y a même un instant ou j'étais une pierre taillée et la pierre, en fait moi, ressentait une sorte de sensation vivante d'expression, de communication...

À la suite de cela, et cela reste encore bien vivant en moi, je ressens réellement de l'amour pour les pierres, les rochers, les falaises. Je me sens pleine de gratitude envers elles qui sont là, vibrantes de vie, de lumière, de don, de force. Nous avons beaucoup à apprendre d'elles en nous arrêtant et en prenant le temps de les ressentir. Remercions-les d'être là. Elles nous apportent la stabilité intérieure, l'écoute et l'humilité et peuvent nous amener à ressentir la présence en nous.

Aimons-les...

Paix et changements sur la planète

— Hélène (Québec).

• *PREMIÈRE RENCONTRE CONSCIENTE AVEC UN ELFE*

La veille de cette découverte, je me retrouvais avec une amie. Elle me montrait une photo d'un feu dans lequel plusieurs personnages pouvaient se remarquer. À ce moment, quelle ne fut pas ma surprise de voir très distinctement une femme tenant une bougie, un sanglier un peu plus bas dansant dans une ronde avec plusieurs autres animaux. Autant de détails sur une photo… alors, c'était vrai, les êtres de la Nature pouvaient exister ? Je me couchais avec cette pensée.

Le lendemain, journée ensoleillée. Lors de la fin d'une pause, je remonte un escalier en bois assez large pour y croiser quelqu'un.

Je me tourne légèrement sur la gauche et j'aperçois un être qui pour moi ne devrait pas être là : mais il est bien présent et il ne bouge pas, avec un léger sourire aux lèvres. Celui-ci est accueillant. Je n'ai pas vraiment peur mais je ne suis pas très rassurée.

L'être est plus grand que moi, assez carré dans sa structure mais avec des traits d'une grande finesse. Il émane de lui une douce légèreté. Vêtu d'un long manteau vert, ses yeux bleus en amande ressortent alors que ses oreilles en pointe lui donnent un air coquin ou plutôt amusé.

C'est la première fois que je le vois mais pourtant, sa présence ne m'est pas inconnue : celle-ci est douce et chaleureuse, mais avec un grand courant de vie. Vert serait la couleur donnée à ce courant, exactement comme la fraîcheur de la sève de printemps qui parcourt les plantes, leur donnant vitalité mais aussi gaieté. Et en même temps une grande paix. Ces impressions me sont familières depuis plusieurs mois et voici qu'un visage leur est donné.

Je me rends compte que c'est un Elfe, il n'y a pas à en douter. Mais bon, est-ce vraiment certain ? N'est-ce pas mon imagination ? Me voilà partagée ! Heureuse qu'un être de la Nature m'accompagne et me parle et en même temps, méfiante. Qu'est-ce que j'allais encore inventer? Alors, lui parler... Pour cette fois-ci, je choisis de ne pas franchir le cap et poursuis mon chemin. Quelques jours plus tard, la curiosité l'emportait, après m'être rappelée et avoir vérifié que cette présence m'était familière et agréable. Je communiquais alors avec ce nouvel ami.

— Isabelle (France).

• *MESSAGE D'UN ELFE*

Il y a quelques années, je suis devenu clair-sentant (toucher éthérique avec les mains). À la suite d'un soin que j'ai fait à ma femme, j'ai découvert la présence d'un petit être dans la pièce : une petite Fée qui nous suivait depuis plusieurs mois. Par la suite, nous avons vécu en présence permanente d'êtres de la Nature. Fée, Nain, Elfe mais aussi Ondine, Vouivre, Dragon. Je m'aperçois qu'en leur présence j'ai pu me reconnecter à l'essentiel : le lien à la Terre, le lien du Cœur entre chaque être.

L'homme a un rôle très important à jouer : soigner la Terre de la radioactivité artificielle créée pour semer le chaos, en réharmonisant les éléments avec la Terre, voilà un des messages que j'ai reçus (la radioactivité naturelle est en harmonie avec la Vie).

Voici un message de la part d'Adjerald un très vieil Ami Elfe :

« *Ça fait longtemps que nous les Esprits de la Nature, attendons que les Humains reprennent leur place au sein de l'écosystème planétaire.*

Comme toute chose sur cette Terre, les Humains ont une place au cœur de la Terre Mère.

De parasites, ils vont redevenir le guide, l'élément indispensable à l'harmonie de cette nouvelle Terre qui est appelée à naître.

L'homme est l'élément indispensable pour que la Lumière jaillisse. Sans lui ce serait fini.

Dans la 5e dimension, toute chose prendra un sens différent. L'Harmonie sera finalement atteinte.

Nous sommes là pour vous aider. Ensemble et Unis.

C'est l'heure du rassemblement !

Unité et Amour. »

— Sylvain (Japon).

• *MA RENCONTRE AVEC LES DÉVAS*

« Les Dévas de la Nature, nous en avions entendu parler à travers l'expérience de Findhorn en Écosse. Les Anges devaient bien exister, mais je les imaginais dans des sphères élevées et éloignées de nous.

Ma première expérience de rencontre avec un Déva eut lieu en automne 1984. Avec mon compagnon, nous nous étions engagés pour quatre mois à nous occuper des animaux d'une ferme pendant les vacances de ses propriétaires. Ce n'était pas une mince affaire : 130 animaux à nourrir, soigner... vaches, moutons, chèvres, surtout que nous étions novices en la matière. Un jour, alors que nous nous interrogions au sujet des moutons qui restaient très farouches à notre approche, le Déva des moutons s'adressa à nous. Il fit résonner sa voix dans la tête de mon compagnon, celui-ci répéta à haute voix les mots qu'il entendait. Il nous expliqua la notion d'âme groupe, de mémoire collective, l'histoire des relations entre le mouton et l'homme, bien souvent empreintes de violence. Les mots étaient accompagnés d'une énergie forte et paisible qui nous englobait tous les deux. C'était étrange, car la voix de mon ami prenait des intonations que je ne lui connaissais pas, on aurait pu imaginer un mouton en train de parler ainsi.

Cette expérience fut le début de sept ans d'enseignements et d'entretiens réguliers avec de nombreux Dévas, notamment ceux des arbres, des fleurs. Ils avaient un grand désir de communiquer avec des êtres humains et surtout d'apporter leur aide. Ils nous proposèrent rapidement de coopérer avec eux. C'est ainsi que nous avons commencé à réaliser des huiles porteuses des énergies vivantes des végétaux... »
— Sylvie Hetzel
(auteur du livre *Nature au-delà du silence*).

• *IL ROSSO : L'HOMME QUI SCULPTE LES GNOMES ET LES DRAGONS*

Il Rosso se définit lui même comme un paysan sculpteur. Il est roux, ce qui lui a valu son nom, Il vit en pleine montagne au-dessus du lac d'Iséo en Italie et nous a raconté ses contacts avec les Gnomes.

« Lorsque j'avais huit ans, mon père a acheté une maison, là où je vis à présent et je sentais des présences...

Puis le temps a passé et un jour, la municipalité a voulu faire une route dans la forêt. J'étais malheureux de voir tous ces arbres qui devaient être coupés et j'eus une idée : sculpter les troncs pour prolonger un peu leur vie. La municipalité m'a donné l'autorisation et j'ai commencé à sculpter. Je n'avais qu'une idée en tête, sculpter des Dragons et des Gnomes.

Je commençai ce jour-là ma première sculpture lorsque tout à coup je sentis une présence derrière moi. Je me retournai et je vis à mon grand étonnement un petit homme d'environ 30 cm avec sur la tête un bonnet de 30 cm également. Il n'était pas content et me dit :

« Regarde-moi bien et fais la sculpture selon ce que tu vois car pour le moment ça ne me ressemble pas ! »

À partir de ce moment-là, Il Rosso commença à sculpter selon ce qu'il voyait et selon les indications qu'il recevait des Gnomes. Il nous dit qu'il avait eu quelques contacts physiques avec les Gnomes mais que la plupart du temps c'était dans des rêves qui, disait-il, n'étaient pas des rêves (il n'avait pas connaissance du « voyage astral »). Les Gnomes lui apparaissaient et lui montraient comment ils vivaient, où ils habitaient et ils l'emmenaient parfois dans des pays étrangers rencontrer d'autres Gnomes.

Il apprit ainsi que les couples de Gnomes avaient des jumeaux une fois dans leur vie qui durait plus de 300 ans. Il sut aussi que ces petits êtres étaient végétariens et soignaient les animaux. Il connut ainsi leurs coutumes et tout ce qui les concernait : mœurs et habitudes, habitations et coutumes.

Il Rosso est un homme magnifique par sa qualité d'accueil et sa grande générosité, doublée d'une belle simplicité. Il nous reçut avec beaucoup de gentillesse et lorsque je lui demandai pourquoi il avait été choisi par les Gnomes, il me dit simplement : « Sans doute parce que j'aime et que je respecte la Nature et les hommes. »

Puis Il Rosso nous raconta qu'il y a quelques années, il avait un cancer qui nécessitait une opération. Il était dans la salle de réveil dans un demi-sommeil après l'opération lorsqu'il sentit des mains se poser sur lui et des voix lui dire : « Tu vas rentrer chez toi et il y a du thé au citron frais qui t'attend à la cave ». Il reconnut les Gnomes et cela le rendit joyeux.

Il revit le chirurgien quelque temps après, qui lui dit : « Je ne pensais pas que vous vous en tireriez aussi bien, vous devez avoir des Anges avec vous. »

Illustrations de Sandrine Gestin :
pages 8, 30, 58, 98, 138, 176, 214 et 225.
http://www.sandrinegestin.com

• SOMMAIRE :

Introduction .... page 9
Aujourd'hui, qu'en est-il ? .... page 15
L'Éther .... page 23
Désir de contact .... page 31
Les entités mal intentionnées .... page 35
Êtres de la Nature et religions .... page 41
Qui sont ces êtres ? .... page 59
    Les Elfes .... page 59
    Les Sylphes .... page 62
    Les Gnomes .... page 63
    Les Lutins .... page 65
    Les Salamandres .... page 68
    Les Ondins/Ondines .... page 74
    Les Fées .... page 79
    Les Dévas .... page 79
    L'Âme-groupe .... page 82
    Les Entités angéliques .... page 83
    Les peuples de la Terre Creuse .... page 85
Qui voit ces êtres avec facilité ? .... page 93
Où sont ces êtres ? .... page 99
Comment entrer en contact avec eux ? .... page 107
Risques à signaler .... page 121
Messages .... page 139
    Le Lutin .... page 139
    Le Gnome .... page 147
    Le temps des Fées .... page 163
    Le peuple de l'Eau .... page 175
    Les Salamandres .... page 186
    L'Elfe .... page 192
Naissance sur Terre .... page 201
Pan .... page 209
Témoignages .... page 215

• BIBLIOGRAPHIE :

- **Terre d'émeraude**
  d'*Anne Givaudan et Daniel Meurois*
  Éditions SOIS
- **De mémoire d'Essénien**
  d'*Anne Givaudan et Daniel Meurois*
  Éditions le Passe-Monde
- **Voyage à Shambhalla**
  d'*Anne Givaudan et Daniel Meurois*
  Éditions le Passe-Monde
- **Le peuple animal**
  d'*Anne Givaudan et Daniel Meurois*
  Éditions le Passe-Monde
- **Les jardins de Findhorn**
  d'*Eileen Caddy, Peter Caddy, Dorothy Maclean*
  Éditions le Souffle d'or
- **La petite encyclopédie du merveilleux**
  d'*Edouard Brasey*
  Éditions le Pré aux clercs
- **Sagesse amérindienne**
  de *Dhyani Ywahoo*
  Le jour éditeur
- **Les êtres élémentaires**
  de *Rudolf Steiner*
  Éditeur EAR
- **La vie biogénique**
  de *E. Bordeaux Szekely*
  Éditions Soleil

- **Shambhalla**
  - de *Nicolas Roerich*
  - Éditions Troisième Millénaire
- **Inipi, le chant de la Terre,** spiritualité lakota
  - par *Archie Fire Lame Deer*
  - (non réédité mais disponible en version numérique)
- **La voix des Anges**
  - de *Dorothy Maclean*
  - Éditions le Souffle d'or
- **Dévas ou mondes angéliques**
  - de *Michel Coquet*
  - Éditions le Fayet

- **LIVRES CONSEILLÉS :**

  - **Nature au-delà du silence**
    - de *Sylvie Hetzel*
    - site : http://association.selva.free.fr
    - sylvie.hetzel1@free.fr – Tél : 05 53 51 17 90
  - **La magie du ruisseau :** rencontre avec le peuple de l'eau
    - de *Dominique Kubler*
  - http://www.ondine.fr.gd
    - http://www.lamagieduruisseau.blogspot.com/
  - **Les jardins de Perelandra**
    - de *Machelle Small Wright*
    - Éditions Co-créatives

- **FILM EN DVD :**

  - **Enquête sur le monde invisible**
    - de *Jean-Michel Roux*

DERNIERS OUVRAGES D'ANNE GIVAUDAN

• IMPLANTS & PARASITAGES
Et si on arrêtait d'avoir peur ?

Un implant, nommé aussi microchip ou encore transpondeur, est un dispositif introduit dans un corps humain ou animal. De la taille d'un grain de riz, il est facilement implanté sans chirurgie.
Le parasite, quant à lui, vit aux dépens de celui qui l'abrite et souvent en empêche le bon fonctionnement.
L'un comme l'autre peuvent nous faire perdre tout contrôle et libérer ainsi des comportements inadéquats tels des colères et des émotions qui nous submergent.
Et pourtant ces forces hostiles ont leur utilité...
Comment les reconnaître ? Les éviter ? et surtout comment cesser d'en avoir peur ? C'est ce que vous découvrirez dans ce livre qui nous propose un regard différent sur ces parasites du corps et de l'âme qui en fait, loin de nous nuire, nous contraignent à guérir nos failles et à rechercher la force qui est en nous.

• VOYAGER ENTRE LES MONDES

Un voyage astral : pour qui ? Pourquoi ? Et comment ? Quels en sont les dangers et les avantages ? Ces questions reviennent souvent.
Anne Givaudan est une auteure connue depuis longtemps pour ses voyages dans les mondes subtils. Elle nous propose dans ce livre ce que jusqu'à présent elle avait toujours refusé : un guide pratique du voyage astral et des clés inédites.
Ceux qui veulent se lancer dans l'aventure, ceux qui ont vécu des expériences pas toujours faciles, ou ont fait de « mauvais voyages », ceux qui ont simplement envie d'en savoir davantage sur cette capacité trouveront ici ce qu'ils recherchent.
"Le moment est venu, dit l'auteure, car le monde est en mutation et de plus en plus nombreux sont ceux qui expérimentent la sortie hors du corps. Afin d'éviter des erreurs et des peurs inutiles et même nocives, je suis prête aujourd'hui à donner tout ce qui peut y aider. ».

• DES AMOURS SINGULIERES

Anne Givaudan, par cet ouvrage, nous amène à contacter ces hommes et ces femmes qui ont la douloureuse sensation que leur âme n'est pas en accord avec leur corps.
En dehors de tout jugement, de tout a priori et de toute classification, elle repousse les limites du connu pour nous plonger dans un monde inconnu. Que se cache-t-il derrière ces visages aux situations souvent tragiques ou culpabilisantes ? C'est ce que nous découvrirons derrière chacune des histoires de vie de ces êtres au parcours extrême.
Il n'est pas question ici de condamner ou de glorifier qui que ce soit, ni quoi que ce soit, mais simplement de découvrir une autre facette méconnue de LA VIE.

• SONS ESSENIENS
La guérison par la voix

Ce livret accompagné d'un CD vous permettra de découvrir et d'expérimenter les sons de guérison que les Esséniens chantaient autrefois dans de multiples occasions, que ce soit pour équilibrer un corps, régénérer un organe, purifier un lieu, soigner la planète ou remercier la Nature.
Le Son est un élément essentiel de guérison de l'âme et du corps.
Il peut briser le cristal, guérir un corps physique, il est créateur et en lien avec des entités lumineuses et puissantes.
Les sons que vous entendrez, les exercices ou méditations que vous pratiquerez sont là pour vous permettre de vous ressourcer, de vous libérer des tensions accumulées, d'être en harmonie avec un lieu, de vivre avec davantage de joie et de bonheur… et c'est là un objectif essentiel pour notre nouvelle Terre.

Pour plus d'informations sur les autres livres : http://sois.fr/livres/

CD DE MÉDITATIONS GUIDÉES

• **FORMES-PENSEES** *(voix d'A. Givaudan et musique de D. Patriquin)*
Ce CD de sept méditations ouvre les portes de l'auto-guérison
des Formes-Pensées qui nous encombrent.

• **VOYAGES VERS SOI** *(voix d'A. Givaudan et musique de L. Danis)*
Une célébration joyeuse d'un retour à SOI, des retrouvailles
où les masques de nos personnalités transitoires peuvent disparaître
et laisser place à ce que nous sommes vraiment :
des êtres uniques au parcours unique.

• **ALLIANCE GALACTIQUE** *(voix d'A. Givaudan et musique de S. Human)*
La musique est composée autour de quelques notes entendues
lors de rencontres avec les êtres de Vénus.
Son objectif est d'ouvrir les cœurs à toute forme de guérison.

• **5ᵉ DIMENSION** *(voix d'A. Givaudan et musique de S. Human)*
Dans ce CD où l'énergie des mots conjointe à celle de la musique
apporte une puissante vague de transformation et de guérison,
je vous propose simplement de vous laisser porter
par la force qui émane de ces paroles.

• **UN AMOUR DE PLANETE** *(musique de S. Human)*
Entretiens intergalactiques à propos de la planète Terre
La planète Terre est à un moment des plus importants de son
évolution. Ses habitants vivent en transition entre deux mondes
et tout semble chaotique, pourtant, nous ne sommes pas seuls.

• **VOYAGER ENTRE LES MONDES** *(voix d'A. Givaudan)*
Aujourd'hui le monde est en mutation et de plus en plus
de personnes expérimentent la décorporation.
Anne Givaudan propose ici une pratique guidée qui facilite
la sortie hors du corps dans de bonnes conditions.

STAGES AURA SOIS

Animés par Anne Givaudan et Antoine Achram

- Approche des soins Esséniens.
- Voyage à la rencontre de Soi.
- Naître à la vie et vers un nouveau départ.
- Les Formes-Pensées : les comprendre et les transformer.

Anne Givaudan et Antoine Achram ne cautionnent que les thérapeutes qu'ils ont directement formés pendant 4 ans.

Pour tout renseignement pratique et le contenu détaillé des stages, consultez le site **http://sois.fr** ou envoyez une enveloppe timbrée à :

AURA SOIS FORMATIONS
24580 PLAZAC
Tél : 05 53 51 19 50
aura@sois.fr - http://sois.fr

Achevé d'imprimer en France sur les presses de
l'Imprimerie Graphique de l'Ouest (Vendée).
Dépôt légal : août 2018 - N° d'impression : 8851